BEAUTÉ DE LA
PROVENCE

Texte de Louis Souday

*Association Américaine des
Professeurs de Français*

LeGrand Concours

Lauréat National

minerva

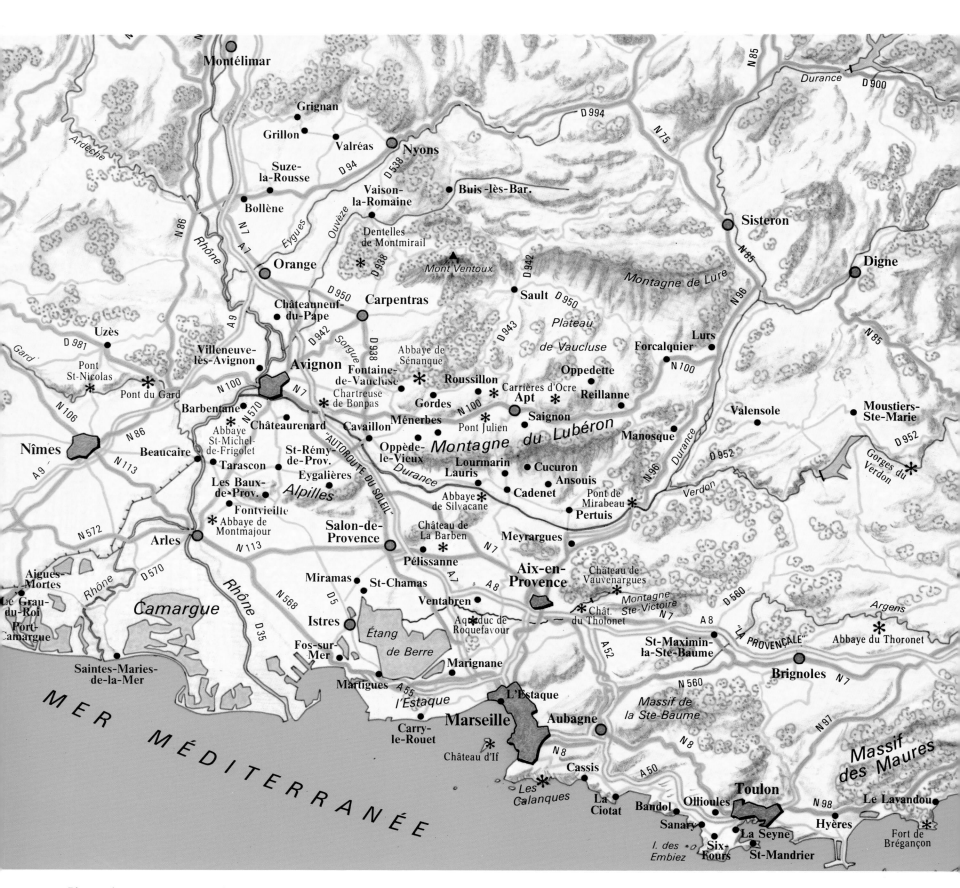

Photos de couverture : *Une fontaine provençale typique.*
L'entrée du palais des Papes à Avignon, la montagne Sainte-Victoire
et un santon de l'atelier Fouque.
Dos de couverture : *Un champ de lavande dans les Alpes de Haute-Provence.*

INDEX

VERS LES TERRES DE PROVENCE

Soleil, oliviers, cyprès, garrigues… Arènes, santons, aïoli…

Marchés, pêcheurs, Grande Bleue. Et l'accent !... Mais la Provence ne se définit pas plus qu'elle ne se résume à une somme de clichés. Le sol, les hommes, les troubadours, les saints, la charrue et les étoiles ont fait cent Provences. L'Histoire presque autant. Et autant de miracles pour la voir devant nous, unique. C'est par cette porte que les civilisations de l'Orient ont pénétré l'Occident, que sur la vieille souche celto-ligure se sont greffées les colonies grecques, romaines et cette religion nouvelle qui allait gagner les peuples septentrionaux. Plusieurs siècles s'écouleront avant que la *Provincia* romaine devienne Provence. Et bien d'autres encore avant qu'elle ne parvienne à nous faire rêver plus qu'aucune autre région de France.

MONTÉLIMAR

Montélimar est la première ville provençale que l'on rencontre en descendant la vallée du Rhône.

Elle tient son nom d'une forteresse médiévale, « Mont Adhémar », qui appartenait aux Adhémar dont le dernier descendant sera le comte de Grignan, gendre de Mme de Sévigné. Mais elle est plus connue pour être la capitale du nougat, dont l'origine remonte au XVIe siècle, avec l'introduction de l'amandier originaire d'Asie, dans un domaine voisin appartenant à Olivier de Serres (un précurseur prolixe : la culture du mûrier pour l'élevage du ver à soie, c'est encore lui). Miel plus amandes : d'abord artisanale, cette friandise ne fut fabriquée industriellement qu'au début de ce siècle. Les usines peuvent se visiter le matin.

● *Le cirque d'Archiane (à gauche). La plaine et les monts aux environs de Massane (ci-dessus). Vue de Montélimar (ci-contre).*

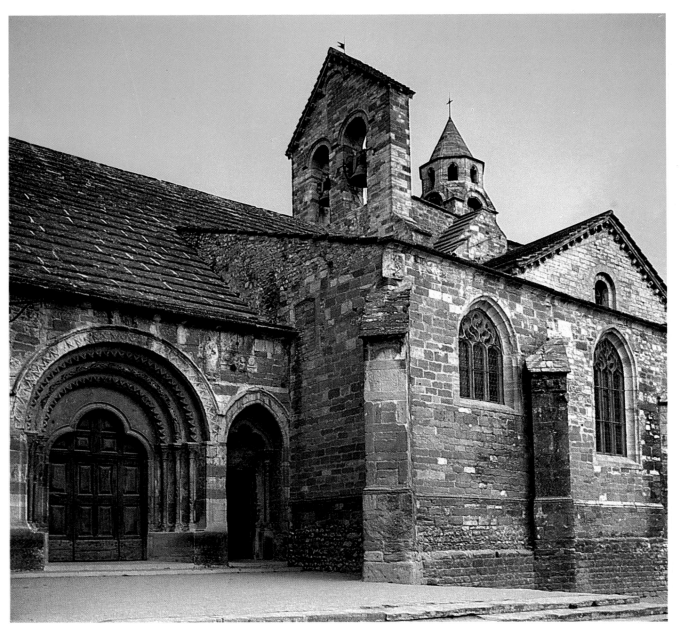

BOLLÈNE, SUZE-LA-ROUSSE

Toute en rondeurs, Bollène était le bijou des papes d'Avignon. Ses portes, ses maisons anciennes, ses rues étroites, son anneau de boulevards plantés de platanes, en font une petite ville d'un charme que ne parvient guère à troubler la centrale électrique voisine. On flâne volontiers sur la terrasse : les villages de Lacoste, Gordes sur sa butte, ou Roussillon dans ses roches rouges, sont si jolis ! Et comment, avec un tel nom, résister aux charmes de Suze-la-Rousse ? Une fois tournées les défenses de son château féodal, la voilà offrant ses dentelles Renaissance à qui veut les voir. Un vrai bonheur !

VALRÉAS

Un beau cercle d'allées ombragées de platanes, plantés à l'emplacement des anciens remparts, entoure cette ravissante petite ville où Pauline de Grignan, petite-fille de la marquise, épousa le marquis de Simiane dans leur château, devenu hôtel de ville.

● *L'église de Valréas (ci-dessus).*
Le château de Suze-la-Rousse (ci-contre).
● *Grignan et son château (en haut, à droite).*
La façade Renaissance de celui-ci (en bas, à droite).

GRIGNAN

Le souvenir de la Marquise de Sévigné plane encore.

Un village agréable, mais surtout, sur la butte, un château rendu célèbre par les lettres de la marquise de Sévigné à sa fille, et la mort de l'écrivain dans ces pièces, dont la visite constitue aujourd'hui un émouvant pèlerinage littéraire. Mais il ne faut pas oublier pour autant la façade François Ier ouverte sur le mont Ventoux et la terrasse dont l'étourdissant panorama court de la montagne de Lance à celle de l'Ardèche, au-delà du Rhône. Ni, sous cette terrasse, l'église Saint-Sauveur, où fut inhumée l'immortelle marquise.

VAISON-LA-ROMAINE

Son nom résume tout.

Un cirque de collines verdoyantes compose un cadre unique à cette ville, située de part et d'autre de l'Ouvèze, dont l'origine remonte bien avant la conquête romaine. Les Ligures y ont laissé des traces de leur art du bronze, suivis par les Celtes, avant que les Romains, n'en fassent une des cités les plus remarquables de la Gaule : cinq hectares de très importants vestiges s'étendent sur deux quartiers, de part et d'autre de la place du 11 Novembre.

Dans le quartier de Puymin, on remarque tout d'abord le grand carré du portique de Pompée et ses colonnes offertes à la promenade des Romains qui pouvaient à loisir admirer fresques et statues. Avec son atrium, son péristyle, ses salles diverses, ses bains, son bassin, la maison des Messii offre le plan parfait d'une de ces belles villas où la vie se lit à livre ouvert.

Adossé à la colline, avec sa scène taillée dans le roc, sa machinerie encore visible, ses colonnades, le théâtre, daté des débuts de l'ère chrétienne, atteint presque la taille de celui d'Orange. Le musée contient le produit des fouilles ainsi que de remarquables statues, dont celle dite de « l'Empereur cuirassé ».

Outre la série des rues où s'ouvrent boutiques et maisons, les fouilles du quartier de la Villasse réservent encore des surprises, limitées il est vrai par la ville habitée, que l'on ne saurait déplacer, pas plus que l'ancienne cathédrale avec ses colonnes (qui proviennent des monuments romains), ses absidioles, ses tombeaux et le cloître qui lui est accolé.

● *Vaison-la-Romaine.*
Statue devant le portique
de Pompée (ci-dessus, à gauche).
Vestiges du théâtre (ci-dessus,
à droite). Un athlète (ci-contre).
Entrée de l'hôtel de ville
(en bas, à droite).

LE MONT VENTOUX

« Ventoux » : le mont du vent, 1 910 mètres…

L'immense crâne chauve d'un géant solitaire calotté en permanence par les vents. Pas un cheveu d'herbe folle sur ce caillou à la peau éclatée par le gel, sous un bonnet de neige que l'été a bien du mal à lui arracher. Les Alpes s'achèvent sur ce point d'orgue posé à l'horizon du Rhône, cette borne frontière du climat provençal : d'un côté, rocs, hêtres, saxifrage du Spitzberg ; de l'autre, chênes verts, pins, lavande, oliviers.

Par Vaison, Malaucène et son beffroi carré, Carpentras, les canyons de la Nesque et Sault, une route cerne le massif que d'autres pénètrent plus avant, louvoyant par Saint-Estève et le plateau de Perrache à travers les pentes parfumées, où les troupeaux de moutons viennent à l'estive jusqu'à l'observatoire et la chapelle Sainte-Croix du sommet.

Tournant alors le dos au Vercors, le panorama se déploie du Pelvoux aux Cévennes, accrochant au passage le Lubéron, la montagne Sainte-Victoire et l'Estaque, que voici avec Marseille et l'étang de Berre, derrière lequel on devine les Alpilles et toute l'agitation de la vallée du Rhône.

LES DENTELLES DE MONTMIRAIL

Juste en aval de Vaison, sur la rive gauche de l'Ouvèze, toute une série de collines, couvertes de pins et de petits chênes, s'essouffle en déchirements verticaux affouillés par l'érosion, en arêtes coupantes et aiguilles calcaires où le vent furieux vient se déchirer avant de se ruer à l'assaut du mont Ventoux voisin. Partis des dernières maisons des Florets, alpinistes et rochassiers s'y exercent à vaincre de multiples difficultés. Quand les genêts se mettent à fleurir, peintres, botanistes ou simples promeneurs les parcourent par des sentiers moins ardus. À Séguret, à la chapelle Notre-Dame-d'Aubune, quelques points de vue les livrent aux motorisés. Ce n'est pas que la route y soit moins acrobatique que l'escalade : Roaix, Rasteau, Séguret, Gigondas, Vacqueyras, les Baumes-de-Venise, ont aussi leur renommée, mais dans le domaine de l'appellation, fort estimée, de « Côtes-du-Rhône ».

● *Deux aspects des Dentelles de Montmirail (ci-dessus, à gauche et à droite). Le sommet du mont Ventoux et la chaîne de celui-ci, à proximité du village de Brantès (ci-contre, à gauche et à droite).*

ORANGE
Ses vestiges nous la donnent à imaginer comme la plus belle colonie romaine de l'empire.

Les trois arches de l'arc de triomphe perpétuent les victoires de César (49 av. J.-C.), qu'il revint aux vétérans de la IIe Légion d'affirmer, en fondant la colonie d'Aurosio devenue cette Orange aux pierres dorées.

Des spectacles de réputation inter-nationale y sont encore offerts chaque été, dans le théâtre taillé à même la colline au temps d'Auguste. Sur les gradins les mieux conservés d'Europe, des milliers de spectateurs y applaudissent les *Chorégies* don-nées devant un énorme mur de scène long de 103 mètres, haut de 38, dont Louis XIV disait qu'il était la plus belle muraille du royaume. Ce qui paraît être tout à fait l'avis du co-lossal Auguste, statufié dans la niche centrale, où il semble cueillir pour lui-même les ovations.

La ville romaine se lit du haut de la colline Saint-Eutrope, d'où l'œil plonge sur le théâtre, le Capitole, le temple voisin et un gymnase que l'on devine glissé sous la ville nouvelle, née de lui, comme de la chair des édifices ravagés par les Barbares, et dont les Hollandais, vers le milieu du XVᵉ siècle, tirèrent de puissants remparts. Ils étaient là depuis quelque temps déjà, alliés à une famille des Baux, héritière de la principauté de Nassau. Et voici Guillaume de Nassau, prince d'Orange, appelé à fonder la république des Provinces-Unies, là-haut, dans le Nord. Il y a belle lurette que la Hollande ne règne plus sur son petit domaine provençal, mais il est agréable aux habitants de celui-ci que la dynastie royale des Pays-Bas en ait conservé le titre.

● *Orange.*
L'arc de triomphe (à gauche).
Le théâtre antique : la statue d'Auguste (ci-contre) et une vue d'ensemble (ci-dessous).

CHÂTEAUNEUF-DU-PAPE

Pour la plupart des Français, Châteauneuf-du-Pape, c'est le fleuron de ces vins des Côtes-du-Rhône, dont la réputation remonte à plusieurs siècles.

Installés en Avignon depuis le début du XIVᵉ pour fuir les querelles romaines, les papes avaient fait édifier, à quelque distance de la cité, une forteresse que l'on qualifierait aujourd'hui de résidence secondaire. À part la tour qui en reste, le vignoble qui l'entoure demeure le seul témoin de leur sens du confort.

On ne sait pas assez que le travail de ce vignoble, planté dans les galets du Rhône préhistorique, apparaît comme un défi à la raison. Ce que les vieux traduisaient en disant du sol ingrat qu'il use un soc de charrue en deux heures. Mais quel résultat, dans les bouteilles pansues étiquetées de Fortia, Mont-Redon, Cabrières-les-Silex, Les Fines-Roches, Rayas...

Le bourg lui-même n'est qu'un bon gros village cossu, mais quel trône pour contempler la plaine-jardin à ses pieds, Avignon, le palais, les remparts, les Alpilles d'un côté et les Alpes de l'autre. Cet « ... Empire du soleil, chantait Mistral, que borde comme un ourlet d'argent le Rhône éblouissant. » Et ce fleuve qu'un Michelet non moins élégiaque qualifiait de « taureau furieux descendu des Alpes ».

● *À Châteauneuf-du-Pape. La montée au château papal (ci-dessus). Le château des Fines-Roches (ci-contre). Un paysage (à droite).*

AVIGNON

« Sur le pont d'Avignon, on y danse, on y danse... »

On saurait difficilement affirmer que le fleuron de la vallée du Rhône connut une histoire des plus calmes. Agglomération de pêcheurs dans la nuit des temps, halte de marchands phocéens colonisés par les Romains qui y célè-brent Hercule et Diane, ruinée par les Barbares moyenâgeux, ruinée à nouveau par le passage de la croisade des Albigeois, quand le roi de France y rassemble les troupes qui vont mettre le Languedoc à feu et à sang...

Et puis voici venir le temps des papes fuyant Rome débordée par la querelle entre guelfes et gibelins : Bertrand de Got, archevêque de Bordeaux devenu Clément V, y installe le Saint-Siège en 1309 pour sept décennies qui vont voir la ville se couvrir d'édifices somptueux. Première vision d'Avignon : les remparts (restaurés par Viollet-le-Duc), considérés comme un obstacle devant la formidable forteresse du palais.

Un palais constitué de deux blocs : le « vieux », construit sous Benoît XII (1334-1342), accolé au « nouveau » (Clément VI, 1342-1352). Quinze mille mètres carrés qui balancent entre l'austérité de l'un et la prodigalité de l'autre. Des tours carrées qui sont celles d'un châteaufort. Une succes-sion de salles fabuleuses : Consistoire, Audiences, Tribunal, salle des festins ornée de fresques siennoises, les appartements, la chambre du Saint-Père avec bibliothèque et terrasse. Et les chapelles : Saint-Jean, la Clémentine... Les cours intérieures, les jardins... Tout un ensemble noué de couloirs et d'escaliers, dont le fait de discerner assez mal le plan contribue à entretenir une charge de mystère et de puissance savamment orchestrés.

Sept papes français vont se succéder dans ces murailles, jusqu'à ce que Grégoire XI, échappant à la tutelle du roi de France, parvienne à réinstaller le Saint-Siège à Rome. Durant ce temps, la ville accueillante aux hérétiques et aux juifs s'était laissée déborder par des hordes de malfrats et de faussaires comblés par cette terre d'asile. À la colère fulminante du poète Pétrarque : « ... on y adore l'argent, on y foule aux pieds les lois divines et humaines. Tout y respire le mensonge... »

Avignon va maintenant connaître les brigandages des Grandes Compagnies, les pestes de 1721. Mais elle continue à engendrer des églises derrière sa cathédrale Notre-Dame-des-Doms : Saint-Pierre et ses vantaux (XIVe), Saint-Didier (XIVe), Saint-Agricol (XIV-XVIe), la Visitation (XVIIe), la Chapelle des Pénitents Noirs (XVIIe), Saint-Nicolas élevée sur une des piles du pont Saint-Bénézet, où l'on danse, où l'on danse... Les beaux hôtels font de la vieille ville une splendeur. Les rois descendent dans le petit palais du fond de la place : c'est aujourd'hui un riche musée, où les œuvres de l'école d'Avignon côtoient celles de la Renaissance italienne ainsi qu'un trésor d'orfèvrerie.

La Révolution mettra fin à l'administration des légats du pape. Mais le décor splendide de la ville demeure. Chaque été, le Festival d'Avignon transforme le vieux palais en un spectaculaire point d'orgue théâtral.

● *Avignon.*
L'entrée du palais (ci-dessus).
Le pont Saint-Bénézet, le palais des Papes et le jardin des Doms, vus du Rhône (en haut, à droite), et vus du ciel et de manière opposée (en bas, à droite).

● *Avignon. La chapelle du pont Saint-Bénézet (en haut, à gauche). Les remparts (en bas, à gauche). De haut en bas : Les remparts et les armes pontificales au fronton de l'hôtel des Monnaies. Le petit Palais (ci-contre).*

VILLENEUVE-LÈS-AVIGNON

De l'autre côté du Rhône, face au pont Saint-Bénézet, voici Villeneuve-lès-Avignon, fondée par Philippe le Bel.

De la tour qui porte le nom du roi, la vue sur la cité des Papes est la plus célèbre de toute la vallée. Villeneuve s'est construite à l'abri des remparts du fort Saint-André, qui couronne la butte. Mais l'édifice le plus visité est la célèbre chartreuse, fondée par Innocent VI en 1356, sans cesse agrandie, enrichie d'œuvres d'art puis livrée à la dégradation, restituée enfin dans son authenticité par une restauration qui a duré des années. Sa nouvelle vocation culturelle rejoint ainsi le foyer de création artistique qu'elle était au temps où la règle des Chartreux donnait à chaque Père sa maison et son jardin, tandis qu'un monde de Frères assumait les tâches collectives.

Un mur de 1 500 mètres entoure le dédale du monastère ordonné par trois cloîtres : le plus long, celui du cimetière, est bordé par les cellules des moines et leur petit jardin ; au milieu, le plus petit s'ouvre sur le tombeau d'Innocent VI et le grand réfectoire, par où l'on accède au cloître Saint-Jean, avec sa grande fontaine couverte et son ombrage de platanes.

On ne saurait visiter les lieux sans guide : quel sens donner à ces couloirs sans fin, ces chapelles, ces clôtures, ces galeries, ces communs où se succèdent boulangerie, pharmacie, forges, moulins, ateliers, écuries. La chartreuse : une ville dans cette autre ville que l'on retrouve au bout de l'allée des Mûriers, derrière une somptueuse porte baroque. Une ville avec ses propres trésors : un palais féodal (XVIe) ; la collégiale Notre-Dame et la Vierge à l'Enfant en ivoire polychrome ; le musée de l'Hospice et son très célèbre *Couronnement de la Vierge* exécuté par Enguerrand Carton pour la chapelle funéraire d'Innocent VI.

● *L'église Saint-Agricol
à Avignon (à gauche).
Villeneuve-lès-Avignon :
le fort Saint-André (ci-contre)
et la chartreuse (ci-dessous).*

LE PONT DU GARD

Depuis 2 000 ans, il demeure le pont le plus célèbre de l'Antiquité.

Il avait été construit sur l'ordre d'Agrippa, gendre d'Auguste, pour faire franchir le Gardon à l'eau des sources d'Eure et d'Ayran, près d'Uzès, destinées à l'alimentation de Nîmes, 50 kilomètres plus loin. Ses trois étages d'arceaux, en retrait l'un sur l'autre, s'élèvent à 50 mètres au-dessus de la rivière. Le premier étage, long de 142 mètres, est fait de six arches larges de 6 mètres ; s'appuient sur lui les onze arches du second étage, qui développent une portée de 242 mètres ; 7 mètres au-dessus, trente-cinq arches enferment 275 mètres de canalisations couvertes où coulaient 20 000 mètres cubes d'eau par jour. Mais comme le pont était coupé à chaque siège devant Nîmes, il cessa d'être entretenu après quatre siècles d'usage, si bien qu'au IXᵉ, il était complètement hors service.

L'œuvre n'a jamais cessé de fasciner par son équilibre, son élégance, l'appareillage, et la couleur des pierres patinées par le soleil, dont certaines pèsent six tonnes. Travail titanesque quand on sait qu'il ne put être exécuté qu'à l'aide de palans et de treuils en forme de tambours, actionnés de l'intérieur par des hommes-écureuils. Au Moyen Âge, on racontait qu'il était l'œuvre du diable, ayant exigé comme salaire la première âme à y passer. Malins, les paysans y lâchèrent un lièvre que le diable, furieux « empêgua » dans la pierre sur la troisième pile à partir de la rive droite, où l'on peut encore voir sa dépouille, paraît-il.

● *Le pont du Gard (à gauche et ci-dessous). Le pont Saint-Nicolas (ci-dessus).*

LE PONT SAINT-NICOLAS

Presqu'aussi célèbre que le pont du Gard.

Sur la très belle route (N 579) qui coupe les garrigues entre Nîmes et Uzès, le pont Saint-Nicolas, jeté au-dessus du Gardon, se présente un peu comme le petit frère de celui du Gard voisin. Depuis le parapet, la vue sur les gorges sauvages est impressionnante, mais elle le devient bien plus encore si l'on prend, à droite, la D 135, qui se prolonge, à partir du hameau le Poulx, par la D 127. Pente importante, revêtement difficile, virages très serrés, parfois masqués, croisements impossibles sinon sur les zones aménagées dans la paroi rocheuse ; la conduite requiert une attention certaine : c'est le chemin emprunté par le camion que conduisait Yves Montand dans *Le Salaire de la peur* ! Au ras du torrent, on aperçoit, sur l'autre rive, la gueule ouverte de la grotte de la Baume.

UZÈS

La « maison » d'Uzès tiendrait à Charlemagne par les femmes.

C'est ce que se plaisait à rappeler le duc, fait premier pair du royaume après la décapitation de Henry de Montmorency à Toulouse, en 1632. On dit « le duché » pour dési-

gner un château d'aspect extérieur assez féodal, confirmé par le donjon carré de la cour : la tour Bermonde (XIIe siècle). Mais cette sévérité se tempère par la présence de la tour de la Vicomté, avec son escalier octogonal et, surtout, les deux étages merveilleusement Renaissance d'une façade édifiée à partir de 1550 sur les plans du célèbre Philibert Delorme (qui éleva les Tuileries).

Le second point fort de la ville est

ce clocher rond survivant à la cathédrale romane, victime des guerres de religion : la tour Fenestrelle, haute de 42 mètres. Avec ses orgues Louis XIV, la cathédrale Saint-Théodorit est plus récente (XVIIe), ainsi que le vieux palais épiscopal qui lui est accolé. Mais d'autres joyaux se serrent au cœur de la vieille ville : la tour de l'Horloge (XIIe), l'hôtel Dampmartin et sa cour Renaissance, comme la maison du

Portalet, les trottoirs couverts de la place de la République. La promenade Jean Racine rappelle le souvenir d'un jeune homme de 22 ans, envoyé en pénitence chez son oncle, par une famille horrifiée de le voir prendre le chemin du théâtre. Il y passera un an à l'écoute des cigales, attendant d'être poussé dans les ordres. Ce à quoi il finira par échapper, pour le plus grand bonheur de la littérature.

● *Uzès.*
Une ferme à l'entrée d'Uzès
(à gauche). Les ruines
de la chapelle romane (ci-dessus).
L'ancien évêché de la tour
Fenestrelle (ci-contre).

NÎMES

La ville est née d'une fontaine dont le génie, Némausus, était vénéré des tribus celtiques au moment où survinrent les légions romaines.

Devenu l'empereur Auguste après avoir triomphé en Égypte de ses rivaux Antoine et Cléopâtre, Octave offrit les terres à ses vétérans.

Nîmes tient son caractère si attachant des largesses impériales. Son enceinte et ses portes, son forum et la Maison carrée, si miraculeusement conservée (elle abrite aujourd'hui un musée des Antiques), et son aqueduc : c'est Auguste et Agrippa. Bâties à une date indéterminée, les arènes ovales sont jumelles de celles d'Arles : 133 mètres sur 101, trente-quatre gradins sur une hauteur de 21 mètres, pour accueillir 20 000 à 25 000 amateurs de combats d'animaux ou de gladiateurs. Croulant au Moyen Âge sous une avalanche d'habitations, elles en furent dégagées en 1809 pour retrouver leur vocation première avec des corridas très prisées.

Plantée sur le mont Cavalier, la tour Magne émerge d'un massif de pins et de chênes verts. Gauloise à l'origine, elle fut doublée d'une enveloppe de pierre par les Romains : cent quarante marches permettent d'accéder au sommet, d'où la vue sur le Ventoux, les Alpilles, la mer, les garrigues et la ville en contrebas est tout à fait unique. À ses pieds, le beau jardin de la Fontaine canalise la source de Némausus. Ce qui ne saurait faire négliger le temple de Diane, la porte d'Arles, la cathédrale et la maison natale de Daudet.

● *Nîmes.*
Les arènes (à gauche).
La tour Magne (en haut, à droite).
Le jardin de la Fontaine
(en bas, à droite).

TARASCON ET BEAUCAIRE

Les défis que se lancent par-dessus le Rhône les tours de Tarascon et de Beaucaire ne sont plus que de pure forme.

La foire de Beaucaire n'est que souvenir, mais le magnifique château carré de Tarascon, haut de 48 mètres, est dans un rare état de conservation. Commencé au XIIᵉ siècle sur les restes d'un édifice romain, achevé au XVᵉ par le roi René, il demeure un exemple tout à fait remarquable de l'architecture militaire féodale. Ses fenêtres n'ouvrent que sur l'inabordable façade fluviale. Étroite comme un puits, la cour intérieure n'en est pas moins éclairée de galeries sur arcades, qui lui confèrent une certaine amabilité. L'agencement des salles intérieures donne une idée du confort dont le roi René et Jeanne, son épouse, aimaient à s'entourer.

Autres figures légendaires de la ville : la Tarasque bimillénaire, domestiquée par la coutume, institutionnalisée par la fête du dernier dimanche de juin avec l'apparition de l'ineffable héros d'Alphonse Daudet : Tartarin.

● *Le château de Beaucaire (ci-dessus). Le château de Tarascon et l'église Sainte-Marthe (ci-contre). L'abbaye de Saint-Michel-de-Frigolet (en haut, à droite). Le château de Barbentane (en bas, à droite).*

SAINT-MICHEL-DE-FRIGOLET

Lavande, romarin, cyprès, oliviers… Endroit délicieux que ce vallon.

Au Xᵉ siècle, les Bénédictins de Montmajour y construisirent un prieuré au nom de thym : « férigoulet »... Mise à la mode par Anne d'Autriche, qui la combla de bienfaits, Notre-Dame-du-Bon-Remède demeure depuis ce temps un but de pèlerinage très fréquenté par les femmes stériles. Sous prétexte de restauration, certains ajouts ultérieurs demeurent assez douteux, telle cette enceinte pur style Moyen Âge construite... au XIXᵉ ! Dieu merci, cela n'affecte ni la vie monastique, ni l'exceptionnelle qualité des cérémonies religieuses, quand bien même y rôderait le fantôme du Père Gaucher et de son élixir, glissé entre ces murs par le facétieux Daudet.

BARBENTANE

« ... Tous ces mamelons, ces gorges, ces ravins avec leurs noms superbes en langue provençale, noms sonores et parlants où le peuple de Provence, en grand style lapidaire, a imprimé son génie »... Frédéric Mistral se souvient ainsi de son passage à l'abbaye de Saint-Michel, transformée un temps, vers 1840, en collège. Et de ses courses à Barbentane, au pied de la Montagnette, contemplant la plaine depuis la tour Angélica.

SAINT-REMY-DE-PROVENCE

Saint-Rémy vit de la production des graines florales et potagères, mais ce sont les « Antiques » qui ont fait sa célébrité.

Deux monuments seulement subsistent de la riche cité gallo-romaine détruite au IIIe siècle par les Barbares. Mais sur ce plateau dégagé dans les contreforts des Alpilles, face au Ventoux et à la plaine du Comtat, ils prennent un relief saisissant. Malgré ses deux millénaires, le mausolée ne présente pas une ride. Une base carrée ornée de bas-reliefs retraçant des combats, un premier étage fait de quatre arcades, chapeauté d'un temple rond à colonnes enfermant les statues de deux jeunes gens. Les spécialistes s'accordent à considérer ce monument comme le plus beau des temps romains. En revanche, pour être le plus ancien de toute la province narbonnaise, son voisin l'arc « municipal » n'est pas des mieux conservés. Curieusement, son élégante majesté n'en souffre pas : les caissons et la guirlande de fruits de son arc unique sont d'une grande

qualité et sa statuaire n'est pas sans évoquer quelque influence grecque, visible dans les fouilles voisines de Glanum.

Il suffit en effet de traverser le chemin pour suivre à la trace les plus anciennes maisons de type grec construites en Gaule, les autels, les mosaïques, les temples, où l'on a retrouvé d'excellentes sculptures, la place entourée de colonnes.

La plupart des objets exhumés sont exposés dans l'ancien hôtel de Sade, à Saint-Rémy, où s'attachent quantité d'autres souvenirs : la maison natale de Nostradamus (1503), celle où Gounod dirigea la première audition de la *Mireille* de Mistral. Van Gogh aussi, enfermé à l'hospice, d'où il écrivait à son frère : « Ah ! mon cher Théo, si tu voyais les oliviers à cette époque-ci !... L'olivier c'est, si on veut le comparer à quelque chose, du Delacroix... »

● *Saint-Rémy-de-Provence. Le mausolée et l'arc de triomphe des « Antiques » (à gauche). Les ruines de Glanum (ci-dessus).*

LES ALPILLES

Elles n'écorchent pas le ciel à plus de 300 ou 400 mètres sur une vingtaine de kilomètres, entre Rhône et Durance.

Mais avec leurs crêtes déchiquetées si blanches sur fond d'azur, leurs ravins acrobatiques, leurs os à vif où s'accrochent quelques buissons de chênes kermès et de pins torturés par le glaive des cyprès, elles ont fière al-lure. Nous n'y suivrons pas Tartarin s'exerçant à l'alpinisme ou à la chasse à la casquette. Les routes qui la parcourent à cœur sont du type chaotique. On y rencontre des villages ruinés : le castelas de Roquemartine ; des monastères : Saint-Paul-de-Mausole, où séjourna Van Gogh ; des fontaines sur des placettes : Eyguières ; des bartavelles qui s'envolent dans les garrigues. On y trouve même, avantage apprécié, la solitude.

● Les Alpilles (ci-dessus). La chapelle Saint-Sixte, à Eygalières (ci-dessous). Le moulin de Daudet à Fontvieille (à droite).

EYGALIÈRES ET FONTVIEILLE
De bien jolis paysages de Provence...

Eygalières est un village comme on les rêve, perché sur une crête flanquée de moulins, avec des maisons qui s'accrochent de toutes leurs pierres les unes aux autres, jusqu'au pied d'un donjon. Pas question d'y circuler autrement qu'à pied. On y monte ainsi jusqu'à la tour de l'Horloge, pour voir la montagne de la Caume et la plaine en bas, léchant de l'œil au passage quelque chapelle, comme la modeste Saint-Sixte, enchâssée dans l'un des plus beaux paysages de Provence.

En écrivant ses fameuses *Lettres de mon moulin...* au fin fond de Clamart, dans la banlieue parisienne, Alphonse Daudet n'avait fait que rêver au moulin qu'il voulait acheter à Fontvieille. Son vœu fut tout de même exaucé *post-mortem* par ses amis. Ce qui fait que, endossant une nouvelle identité, l'ex-moulin de Saint-Pierre est devenu plus vrai que l'imaginaire : les lettres, les livres, les souvenirs de l'écrivain, que l'on y montre, achèvent de convaincre les visiteurs. Et tant pis pour le vrai château de Montauban voisin, où Daudet séjourna réellement.

LES BAUX-DE-PROVENCE

Un roc,
un rocher, un
« baou » : Les Baux.

900 mètres sur 200 tout au plus, mais quelle vision ce nid perché sur un piton entre deux à-pics ! « Race d'aiglons, jamais vassale », disait Mistral des seigneurs des Baux, lesquels en remettaient un peu en prétendant descendre tout droit de Balthazar, l'un des trois Rois mages !

Certes, les Baux ne sont plus les Baux. Mais on se plaît à les imaginer durant ce XIe siècle où leurs maîtres régnaient sur soixante-douze villes et bourgs provençaux, portant les uns le titre de prince d'Orange, les autres ceux de vicomte de Marseille, comte d'Avelline, duc d'Andria !... Avec ces cours d'amour, où les troubadours s'affrontaient en galants tournois rimés.

Mais tout a une fin : Alix des Baux, engagée dans des affaires impossibles par son tuteur surnommé « le fléau de la Provence », fut la dernière princesse de ce fief agité, dont Louis XIII fit démolir le château et les remparts. Il n'en reste que des lambeaux, mais ils sont spectaculaires : les murailles du château, l'ancien temple protestant, les fours banaux, les hôtels de Manville, des Porcelets, la place et l'église Saint-Vincent. Et les incroyables carrières aux salles dantesques, où furent tournés tant de films. Une ville morte ? Certainement pas l'été, avec la marée des visiteurs.

● *Le village (ci-dessus).*
Vue générale du site (à droite).

● *Rocs à proximité des Baux (ci-dessus). L'église et l'abbaye de Montmajour (en haut et page de droite).*

MONTMAJOUR

On disait autrefois « l'île » de Montmajour, parce que la colline sur laquelle se dresse l'abbaye se trouvait isolée au milieu des marais.

Un ermite y veillait sur un cimetière avant que l'on entreprît, au Xe siècle, d'y fonder une abbaye bénédictine. Le but des Frères était d'assécher précisément les marais : on peut vraiment dire que la terre ferme de la plaine d'Arles est née de la main de l'homme.

La richesse de l'abbaye suscite bien des envies : la menace des Grandes Compagnies, qui ravagent la Provence, nécessite la construction de l'imposant donjon par lequel l'en-

semble constitue une forteresse. Mais la Révolution passe par là. La voilà vendue comme bien national à une « antiquaire », qui la dévalise à la lettre, puis à un entrepreneur, qui la prend pour carrière. Une association d'Arlésiens parvient à la sauver jus-qu'à ce que l'État s'en rende acqué-reur et entreprenne la restauration de la partie moyenâgeuse.

L'église Notre-Dame, romane (XIIe), à nef unique, est bâtie sur une crypte taillée en partie dans le roc. Un cloître la prolonge, ainsi que la salle capitulaire et le réfectoire. L'en-semble est veillé par le formidable donjon, dit « tour de l'Abbé ». Un peu à l'écart, au flanc de la colline dans laquelle elle s'incruste par un ermitage prolongé de grottes, voici la toute petite chapelle Saint-Pierre, té-moin de la fondation des lieux, ainsi que son aînée, qui veille toujours sur les vieilles tombes : la minuscule cha-pelle Sainte-Croix.

● *Arles.*
L'amphithéâtre (ci-dessus).
La chapelle Saint-Honorat
(ci-contre). Vue générale (à droite).

ARLES

**Ses arènes comptent
parmi les plus belles
de l'époque romaine.**

Il faut venir en Arles si possible le samedi matin, jour de marché. Nous sommes sur les lices bordées de platanes et de cafés, où se saluent et s'abreuvent tous les « lions » de la ville et de la région, examinant, avec la distance convenable que confère le pastis, la paire de kilomètres d'éventaires déployés sur les trottoirs. « Tout ce que l'Orient, tout ce que l'Arabie aux parfums pénétrants... tout ce que l'Afrique au sol si riche... et la Gaule féconde peuvent pro-duire, tout cela se rencontre en Ar-les. » Cette citation d'un auteur latin ne fait pas son âge.

Il en va de même des monuments de cette capitale romaine, car ils n'ont jamais cessé d'être au cœur de la vie locale depuis la fondation de la ville un siècle avant J.-C. et son expansion soudaine après la fin de Marseille, ruinée par César.

La voilà faite alors d'un grand damier de rues aux maisons alimentées en eau par un aqueduc long de 75 ki-lomètres, et dotée d'un port impor-tant sur le Rhône. Ses arènes comp-tent parmi les plus belles du monde romain : plus de vingt mille specta-teurs peuvent s'asseoir sur ses trois étages.

Nombre d'autres vestiges contri-buent à donner son caractère à la ville : le théâtre antique, les thermes de Constantin, la porte d'Auguste mais, surtout, les Alyscamps des pre-miers temps de l'ère chrétienne, avec leurs alignements de sarcophages sur la perspective de la petite église Saint-Honorat.

Et puis, il y a ce chef-d'œuvre de l'art roman provençal qu'est la cathé-drale Saint-Trophime, avec sa façade et la rare harmonie du portail suivi de la haute nef et de ses étroits bas-côtés, par où l'on gagne l'un des plus beaux cloîtres de Provence.

Mais voici que passe un facteur et l'ombre de Van Gogh vient aussitôt flâner aux terrasses des cafés : des haies de cyprès au pont à bascule sur la route de Port-Louis, cent quatre-vingt-six peintures de la région s'at-tachent à la mémoire du peintre.

LA CAMARGUE

L'un des derniers grands espaces européens.

Le Grand Rhône, le Petit Rhône et le front de mer déterminent ce mélange de terre et d'eaux qui donne aux platitudes de la Camargue son caractère unique, si différent de sa voisine la Crau, pourtant formée des alluvions de la Durance. Yvan Audouart, répondant à une question, disait : « Tu montes sur une chaise et tu as tout vu », ajoutant aussitôt, *mezza voce* : « ... à quelques détails près. » Détails qui ont leur intérêt.

Le Grand Rhône déverse chaque année 20 millions de mètres cubes de sable et de graviers, qui font avancer le littoral d'une dizaine de mètres. Cette terre gorgée d'eau et de sel est en partie drainée par des canaux, les rou-bines, dirigés vers l'étang de Vaccarès.

Le détournement des eaux du Rhône a permis de dessaler ainsi certaines parties pour les livrer à la vigne, au blé et au riz, dont la culture connaît depuis la guerre une grande extension. Mais la tradition demeure surtout dans l'élevage : moutons au nord, qui partent transhumer l'été dans les alpages ; taureaux noirs au sud, qui se nourrissent en toute liberté de ces saladelles et salicornes, à peu près seules, avec les tamaris, à s'accommoder des sols salés. On dit que le cheval camarguais descendrait de celui de Solutré. Vivant crinière au vent, il est d'une endurance et d'une sûreté qui en font une monture inégalable pour les gardians. À voir

● *En Camargue.*
Les marais de Scamandre (ci-dessus). Une cabane de gardian (à droite). Flamants roses (ci-contre).

notamment un jour de ferrade, lorsque les jeunes taureaux de la manade (l'élevage) sont acculés jusqu'à l'enclos pour y être basculés un à un et marqués au fer, du signe de leur propriétaire.

Mais l'attrayante Camargue demeure un monde de secrets bien protégés. Les treize mille hectares de la réserve zoologique et botanique du Vaccarès sont interdits aux visiteurs : des gardes veillent à la tranquillité des flamants roses, aigrettes, échassiers, ibis et quelques millions d'autres oiseaux de passage.

Restent aux curieux quelques chemins pour canaliser leur gloutonnerie optique : la route d'Arles aux Saintes, par Albaron ; celle d'Albaron à Villeneuve où, longeant par endroits le Vaccarès, elle rejoint celle d'Arles vers les grandes pyramides de sel des Salins-de-Giraud. À condition que le temps soit au sec, on peut alors gagner les Saintes par le chemin hasardeux de la digue de mer, coincée entre l'étang et la Grande Bleue : une pure merveille.

● *En Camargue.*
Chevaux sauvages (ci-contre).
Une ferrade (ci-dessous, à gauche).
Chevaux et gardian devant
les Saintes-Maries-de-la-Mer
(en bas, à droite).

LES SAINTES-MARIES-DE-LA-MER

Le clocher de l'église des « Saintes » est très caractéristique.

Il signale de très loin par-dessus les tamaris ce gros village blanc où l'histoire rejoint la légende : celle de Marie Jacobé et de Marie Salomé (mère des apôtres Jacques et Jean) et de la servante noire Sarah, chassées de Terre sainte et abandonnées à la mer quelques années après la mort du Christ, en compagnie de Lazare le ressuscité, de Marie-Madeleine la pécheresse et de plusieurs autres. Un miracle fit toucher leur barque ici, où une chapelle fut élevée : les deux Marie et la servante y terminèrent leurs jours.

Devenue église fortifiée au XIIᵉ siècle pour protéger les corps des saintes des fureurs sarrasines, elle se dresse toujours au milieu du village où, les 24 et 25 mai de chaque année, les gitans affluent de toute l'Europe pour rendre hommage à Sarah, devenue leur patronne.

● *Les Saintes-Marie-de-la-Mer. La plage (ci-dessus, à gauche). Un étang (ci-contre, à gauche). Taureaux devant le village (ci-contre, à droite).*

AIGUES-MORTES

Six cents mètres de long, quatre cents de large : un quadrilatère parfait de hauts remparts moyenâgeux, flanqué de tours sévères, figé par les alluvions du Rhône, à des kilomètres dans l'intérieur : tel est le destin de cet ancien port, où Saint Louis s'était embarqué pour deux croisades (1248 et 1270).

LE GRAU-DU-ROI, PORT-CAMARGUE

Un port de pêche cotoie un port de plaisance.

Étangs et marais se poursuivent loin à l'ouest du Petit Rhône, dépassant la ville fortifiée, pour atteindre le petit port de pêche du Grau-du-Roi, établi de part et d'autre du « grau », ou chenal, qui communique avec Aigues-Mortes. Très important pour l'ancienne navigation, il est livré aujourd'hui aux plaisanciers et aux amateurs d'anguilles, ne s'ouvrant sur la Méditerranée que pour les travailleurs de la mer attachés à leur phare et aux petites maisons blanches qui l'entourent d'un décor de carte postale.

À deux pas du Grau, les vieux de la pointe de l'Espiguette ont fini par se faire à l'idée que leur pays s'appelle désormais Port-Camargue. Entièrement créé en 1969 pour les besoins d'un tourisme en plein développement, ce port de plaisance tout neuf permet à mille huit cents bateaux de s'y balancer, devant un village qui s'articule en lagunes entourées de maisons « marines », ouvertes sur la plage et le soleil.

● Aigues-Mortes :
(ci-contre, de haut en bas)
le canal du Midi et la tour
Constance, une sculpture
ancienne, les remparts.
La station nouvelle de Port-
Camargue (ci-dessus, à droite).
Le port du Grau-du-Roi
(ci-contre, à droite).

CHÂTEAURENARD

Célèbre par les deux tours de son château féodal, détruit à la révolution.

Quelqu'un disait que ces deux tours font comme une paire de cornes à la colline où elles demeurent plantées. L'une d'elles, dite « du Griffon », plane à 80 mètres au-dessus de la plaine de la Durance, livrée à la culture des légumes et des fruits. Par dizaines de milliers de tonnes, Châteaurenard les trie, les emballe et parfois les stocke avant de les expédier, par trains entiers ou camions, vers de lointaines destinations.

CAVAILLON

Coincé au pied du Lubéron entre la large vallée de la Durance et celle du Coulon, un *oppidum* romain, Caballio, donna naissance à Cavaillon.

Ancien port important sur la Durance, la petite ville s'est aujourd'hui taillée une réputation imbattable dans le domaine du melon. Les serres commencent à approvisionner le marché début mai. Les champs ne tardent pas à prendre la relève, envahis par une armée de cueilleurs et de cueilleuses. Les expéditions se font aussitôt sur toute l'Europe. Naturellement, on peut aussi s'en régaler *in situ* : tous les jours de l'été, la place du Champs-Clos est un plaisir pour les yeux et le nez. Après quoi seulement, on finit tout de même par remarquer là un petit bout d'arc de triomphe, un reste d'enceinte, la cathédrale Notre-Dame-et-

Saint-Véran, une synagogue transformée en musée, qui réunit les souvenirs des « quatre saintes communautés du comtat » au temps où la protection des papes l'avait assimilée au « paradis des juifs ».

On découvre un autre musée, voué aux traditions populaires locales, un troisième, qui présente les produits des fouilles opérées sur la colline Saint-Jacques, où il est recommandé de grimper si l'on a envie d'embrasser, dans un air embaumé, Cavaillon à ses pieds, toute la vallée de la Durance, le Lubéron, les Alpilles avec la petite butte d'Orgon, le mont Ventoux et plus encore.

● *Tours du château*
de Châteaurenard (à gauche).
À Cavaillon : la cathédrale
(ci-dessus) et l'arc
de triomphe (ci-contre).

LA CHARTREUSE DE BONPAS

La chartreuse de Bonpas flanque le grand pont sur la Durance, à hauteur de Noves, située sur la rive gauche. L'endroit constituait, en effet, un « bon pas » pour franchir l'eau, donnant ainsi son nom à l'église et au couvent édifiés au XIIIᵉ siècle par les Templiers, près d'une petite chapelle. La salle capitulaire fut élevée plus tard et l'ensemble eut à subir, comme trop souvent, les avatars révolutionnaires de 1789. Mais le charme de cette chartreuse ne pouvait laisser indifférent. La voici aujourd'hui restaurée mais en partie transformée en résidence privée.

FONTAINE-DE-VAUCLUSE

La vallée fermée : la « Vau Cluse ». Une puissante fontaine qui jaillit d'une grotte enfoncée au pied d'un cirque de hautes falaises, la Sorgue, se précipite par-dessus un talus de pierres effondrées en un grondement, dont le ton monte avec les crues. Les pluies ramassées sur le plateau de Vaucluse et les pentes du mont Ventoux se rassemblent en un fleuve souterrain, qui trouve à s'échapper ici, au milieu d'une vapeur d'eau pulvérisée. Bien que cette résurgence soit l'une des plus importantes du monde, elle ne tire sa célébrité que de son numéro exécuté à grand fracas.

Pétrarque, qui ne péchait pas particulièrement par modestie, n'hésitait pas à écrire : « Déjà fameuse par ses merveilles, Vaucluse l'est devenue plus encore par le long séjour que j'y fis et par mes chants ! » En fait, c'est toute l'histoire de son amour pour Laure, qui flotte autour de l'endroit.

OPPÈDE

Le vieux village est édifié sur un éperon nord du Lubéron, absolument à pic sur trois côtés. Pour des raisons de commodité, ses habitants l'ont déserté à partir de 1912, préférant, un peu plus bas, le hameau des Poulivets. Depuis lors, certaines maisons anciennes ont été restaurées, donnant un souffle nouveau à ces murs datés dans l'ensemble des XVᵉ et XVIᵉ siècles Accrochée à mi-pente, l'église Notre-Dame-de-Dolidon détache son clocher hexagonal devant un grand arc qui s'ouvre sur une nef encadrée de chapelles latérales. Les ruines d'une petite chapelle romane et d'un château, dont les murs plongent dans un abîme de buis, coiffent le sommet de la colline. La vue sur la vallée du Coulon jusqu'aux pentes du plateau de Vaucluse, où se détachent les taches ocre des villages voisins, est tout à fait remarquable.

● *Vue d'Oppède-le-Vieux (ci-dessus). La chartreuse de Bonpas (ci-contre). Fontaine-de-Vaucluse (à droite).*

CARPENTRAS

Au cœur d'un réseau de routes qui filent en étoile, Carpentras a toujours été un marché, depuis la Carpentorate romaine.

Elle devint même la capitale administrative du comtat, au temps des comtes de Toulouse, puis sous le règne des papes d'Avignon. Son commerce, enrichi par de nombreux immigrants italiens, devint alors un tel objet de convoitise que le pape Innocent VI se mit en devoir de protéger la ville par une enceinte (1359-1395) comprenant trente-deux tours et quatre portes. Enceinte abattue au XIXᵉ siècle, sauf la porte d'Orange bien que Prosper Mérimée, alors inspecteur des Monuments Historiques, trouvât qu'elle était tout simplement « ce qu'il y a de plus beau au monde » !

On a tout de même laissé debout la belle façade de l'hôtel Dieu, avec son escalier monumental, et l'ancienne cathédrale Saint-Siffrein, quoique ses nombreux maîtres d'œuvre lui eussent fait subir pas mal d'avatars l'une de ses parties, composée pour l'essentiel d'une nef à chevet polygonal, est même un bon exemple du gothique méridional. Naturellement on ne saurait quitter Carpentras sans apprécier comme il convient sa véritable gloire : les berlingots.

PERNES-LES-FONTAINES

Il faut savoir que cette antique cité a été la première capitale du comtat Venaissin – vers l'an mille !

Elle le restera d'ailleurs jusqu'au début du XIVᵉ siècle. Son église date du XIᵉ, sa tour Ferrande du XIIIᵉ et c'est dans l'hôtel des ducs de Brancas que siège son conseil municipal. De ses nombreuses fontaines, celle du Cormoran est la plus célèbre : ses sources d'eau vive sont l'une de ses plaisantes caractéristiques.

● *La porte Notre-Dame, à Pernes-les-Fontaines (ci-dessus, à gauche). L'église et le centre de Carpentras (ci-dessus, à droite). Champs des environs (ci-contre).*

L'ABBAYE
DE SÉNANQUE

Au fond d'un de ces étroits vallons qui découpent le plateau de Vaucluse, blottie entre un champ de lavande et une pente ardue où les chênes kermès et les buis ont du mal à s'accrocher, voici l'abbaye cistercienne de Sénanque. Fondée en 1148, incendiée quatre siècles plus tard, reconstruite au siècle suivant, elle vécut son existence monastique jusqu'à la Révolution, où elle fut vendue comme bien national. Les Cisterciens, revenus plus tard, finirent par lui préférer les îles de Lérins. Elle est devenue un centre culturel voué à l'étude de la

civilisation médiévale, en même temps qu'un bel exemple de ce que peut réussir un authentique mécénat.

La rigueur de la construction s'accorde parfaitement avec l'austérité du paysage. Alignée dans l'axe de la vallée comme le réfectoire, l'église abbatiale est couverte de lauzes ainsi que le grand bâtiment, planté perpendiculairement au transept.

● *L'abbaye de Sénanque*
(à gauche et ci-dessus) ;
la salle capitulaire (ci-contre).

GORDES,
LES BORIES

La petite route capricieuse qui descend de Sénanque offre une vue admirable sur le site. Plusieurs étages successifs de maisons, agrippées au rocher, escaladent la falaise et ceinturent l'église et le château perchés au sommet. Brutal, flanqué de tours rébarbatives, il cache en son cœur un élégant décor Renaissance, qui abrite le musée Vasarely : l'artiste l'avait acquis dans le but d'y établir une fondation. Saisis comme lui par la magie de l'endroit, André Lhote et Chagall s'y étaient fixés. Et d'autres encore, qui ont restauré les maisons, faisant de ce village exceptionnel un centre vivant d'art moderne.

Toute la région est couverte d'une étrange architecture de pays calcaire, où le sol éclaté en minces plaquettes doit être soigneusement épierré pour permettre le travail des champs. D'où ces tas, ces murettes : autant de carrières où les hommes ont puisé les éléments de leur abri. La plupart de ces cabanes sont rondes, couvertes d'une coupole de plaques qui tiennent ensemble par leur seul agencement.

● *Vue de Gordes (ci-dessus, à gauche). Les Bories (ci-dessus, à droite et ci-contre, à gauche et à droite).*

● *Le pont Julien
et la campagne voisine.*

LE PONT JULIEN

**C'est un des ponts
romains les plus
caractéristiques
qui soient.**

Entre les pentes boisées du plateau de Vaucluse au nord et la montagne du Lubéron au sud, la vallée du Coulon remonte plein est, en direction d'Apt. Des villages, des hameaux, des tours aux trois quarts rongées, de petites chapelles semées çà et là... Beaumette, Notre-Dame-des-Lumières, Bon-Repos, Roquelaure, Le Chêne, y disent une activité ancienne accrochée au pays par un long travail de la terre. L'un des plus vieux témoins de ces temps est le pont Julien, jeté sur le torrent, que l'on peut voir à droite de la route, quelques kilomètres avant d'arriver à Apt. Son nom lui vient de la colonie voisine d'Apta Julia.

Une voie romaine franchissait la rivière ici. Une borne militaire date l'ouvrage de l'an 3 avant J.-C. Ses trois arches portent une chaussée en dos d'âne et ses deux piles sont surmontées d'ouvertures cintrées – les arches de crue – permettant aux hautes eaux de s'écouler plus facilement. C'est un des ponts romains les plus caractéristiques qui soient.

ROUSSILLON

Entre Vaucluse et Lubéron, une grosse bosse domine les vallonnements qui descendent vers la rivière du Coulon. Le village de Roussillon est planté tout là-haut, dans un désordre de maisons aux couleurs flamboyantes. Ses falaises d'ocre font un éclatant contraste avec les dures taches vertes de la végétation. Un sentier permet de parcourir les falaises d'ocre à pied, en partant du cimetière. Depuis le belvédère, la vue s'étend sur tout le pays d'Apt, plus spécialement accrochée par la masse des collines proches, les « terres d'ocre », dont la palette s'étale du jaune clair au rouge le plus sanglant.

LES TERRES D'OCRE

Les carrières d'ocre de la région Apt-Roussillon sont particulièrement spectaculaires.

Ce paysage tout à fait insolite est parcouru par un « circuit de l'ocre », qui attire de nombreux curieux. Rappelons que l'ocre est une poudre impalpable, utilisée notamment dans la peinture et la maçonnerie. À l'état brut, c'est un mélange de sable argileux et d'oxyde de fer, que l'on doit laver et décanter dans des bassins, puis sécher et enfin broyer afin d'en obtenir la « fleur » utilisable. On peut voir tout cela aux Déverlons, près de Roussillon, mais c'est le « Colorado » du village de Rustrel qui réserve la plus forte surprise : un canyon flamboyant qui déploie ses merveilles, ses escaliers, ses belvédères sur les carrières, dont l'apparition laisse pantois.

Malgré une certaine désaffection du produit, l'exploitation continue à Rustrel, Boutène et Gignac, qui fournissent plusieurs milliers de tonnes d'une ocre appréciée dans le monde entier pour sa qualité estimée partout comme exceptionnelle.

● *Roussillon :*
le village (en haut, à gauche) ;
maisons (en bas, à gauche) ;
les carrières voisines
(ci-contre) ; celle
de Rustrel (ci-dessous).

APT

« Un chaudron de confiture », disait la marquise de Sévigné.

Rien n'a changé : Apt est toujours la capitale de la confiture, des fruits confits, de l'essence de lavande et des truffes, que l'on trouve sur les plateaux environnants. Le jour de la Sainte-Anne, les habitants offrent à la statue de leur patronne leurs plus belles grappes de raisin. La ville possède en effet le premier sanctuaire dédié à l'aïeule du Christ.

La cathédrale, initialement du XIIᵉ siècle a été remaniée par la suite. En 1660, Anne d'Autriche y inaugura un cycle de pèlerinages. Ils devaient attirer des foules de plus en plus nombreuses dans la chapelle qui abrite les reliques de la sainte, avec d'autres pièces intéressantes : un tissu de lin, ramené de la première croisade par le seigneur de Simiane, baptisé « voile de Sainte-Anne » ; des châsses émaillées, de précieux manuscrits liturgiques (du XIᵉ au XIVᵉ). Deux cryptes superposées sous le chœur montrent des petits sarcophages-ossuaires. Visite à compléter par celle du musée archéologique installé dans une chapelle près de la cathédrale.

SAIGNON, MÉNERBES

Campé sur un rocher à l'est d'Apt, le village de Saignon a toujours été l'œil de la ville jusqu'au Rhône lointain. La communauté y désignait un procureur pour y rendre la justice. L'église Notre-Dame (XIIᵉ) demeure un témoin de ces temps. Des routes très pittoresques découpent les pentes, propres à couper le souffle, du Lubéron. De l'une d'elles, un sentier conduit jusqu'au fort du Buoux.

Par une enfilade de lacets, la route gagne alors Bonnieux, dont la silhouette se détache sur un promontoire fait de tours, de remparts, jardins et petites maisons. Ménerbes est à deux pas : un autre éperon défendu par une citadelle en haut, un castelet flanqué de tours plus bas : pendant les guerres de religion, il fallut quinze mois pour venir à bout des calvinistes réfugiés là.

● *Les églises de Saint-Saturnin d'Apt (en haut, à gauche) et Ménerbes (en bas, à gauche). Un moulin, près d'Apt (ci-dessus). Vue de Saignon (ci-contre).*

BONNIEUX, LOURMARIN

À Bonnieux, ceinte de ses remparts du XIIIᵉ et dominée par une jolie église entourée de cèdres, nous voici à la porte du légendaire Lubéron.

Lourmarin est droit devant. Albert Camus, qui y vécut, est inhumé dans le cimetière. Cyprès et oliviers. Le château est occupé par une sorte de villa Médicis provençale dépendant de l'académie d'Aix-en-Provence, qui y envoie de jeunes artistes mûrir leur talent.

● *Vue de Bonnieux (ci-contre).*
Lourmarin : le château (ci-dessus)
et le site (en haut, à droite).
Un paysage du Lubéron (en bas,
à droite).

LE LUBÉRON

La puissante chaîne du Lubéron s'étire sur 65 kilomètres.

De l'est d'Apt aux portes de Cavaillon sur la Durance, la puissante chaîne du Lubéron s'étire sur 65 kilomètres, coupée en son milieu par la combe de Lourmarin. « De toi, rien n'éclate, ne se brise et ne croûle. Tout demeure clos. Aucun de ces pics déchirants, de ces cris où s'exaltent douloureusement d'illustres montagnes ne déshonore la maîtrise de tes sommets », écrivait Henri Bosco, l'auteur du *Mas Théotime*. Toute une littérature, et pas seulement « aux herbes de Provence », déborde de cette montagne, où fourmillent les résidences d'une intelligentsia en quête d'inspiration.

La région est englobée dans les limites d'un parc régional protégé. Forêts, buis, rochers : une route forestière court à 1 000 mètres d'altitude jusqu'au sommet du Grand Lubéron (1 125 m) chapeauté d'une tour de guet. La vue permet une récapitulation de toute la Provence, des Alpilles à la mer, en passant par les barres du Verdon, la Sainte-Victoire et, bien entendu, le Ventoux.

À l'ouest de la combe de Lourmarin jusqu'aux faubourgs de Cavaillon, où elle finit par s'effondrer, une autre route forestière colle à l'arête du Petit Lubéron, dont les pentes sud sont entaillées par les profondes gorges du Régalon.

Ici vivaient depuis le XIIIᵉ siècle ces hérétiques appelés « Vaudois » parce qu'ils suivaient la doctrine de Pierre Valdo, reposant sur la stricte observance des règles de l'Évangile. À bout d'arguments pour les ramener à la foi de Rome, François Iᵉʳ finit par lâcher sur le pays les troupes du seigneur d'Oppède : villages brûlés, paysans massacrés par milliers ou expédiés aux galères de Toulon... Les fugitifs trouvèrent refuge en Suisse et en Allemagne, où ils s'incorporèrent aussitôt aux réformés.

CUCURON

Vitrolles, Saint-Martin, Cabrières, Cucuron, Vaugines... La route qui court au pied du Grand Lubéron traverse un collier de villages marqués par toutes ces affaires. Le plus important d'entre eux, Cucuron, est perché entre les deux pitons d'une crête, autour du donjon d'un château médiéval. Un rempart du XVIᵉ, appuyé de tours rondes et percé de portes, protège le quadrillage des rues. Une nef romane abrite un vrai trésor : un retable monumental, que la duchesse de Modène, nièce de Mazarin, avait commandé pour un couvent d'Aix. Un campanile original surmonte la tour de l'Horloge, proche de la fontaine du Marché.

Cucuron eut son heure de gloire au XVIIᵉ siècle. Elle comptait alors trois mille habitants, dont une petite société de notables, originaires d'Aix. On leur doit ce style d'architecture très particulier, cousin de la Renaissance, avec une heureuse touche d'intimisme qui traduit assez bien un certain plaisir de vivre. Et qui dément tout à fait la malveillante affirmation, selon laquelle la cité tirerait son nom d'une exclamation de César : « *Cur curumt ?* » (« Pourquoi courent-ils ? »)

● *Vue de Lauris, proche de Cucuron (ci-dessus). À Cucuron : l'église (ci-dessous) et les maisons anciennes du village (à droite).*

CADENET

Cadenet ne fait pas exception à cette règle quasigénérale, qui veut que les villages de l'Adret « soient accrochés à la caillasse des éperons où s'étale le château de leur seigneur et maître ». On peut y voir une église avec ses beaux fonts baptismaux mais, surtout, sur la place, la statue d'André Estienne, né ici-même en 1777, atteint par la gloire en 1796 : c'est lui le fameux tambour du pont d'Arcole, qui donnera la victoire aux troupes de Bonaparte, en sonnant la charge dans le dos des Autrichiens, ainsi persuadés qu'ils étaient pris entre deux feux.

L'ABBAYE DE SILVACANE

Au bout d'un court chemin, voici l'abbaye de Silvacane, dressée sur sa terrasse d'alluvions. Les terrains en avaient été offerts au XIIᵉ siècle par un seigneur des Baux à saint Bernard, fondateur de l'ordre de Cîteaux. Très affectée par la guerre de Cent Ans, transformée en ferme au lendemain de la Révolution, l'abbaye a fini par retrouver en partie sa blanche splendeur : le cloître aux larges arcades ouvertes sur le préau, les bâtiments conventuels avec les admirables voûtes d'ogives du réfectoire, la salle capitulaire et son pilier aux nervures que l'on dirait végétales, l'église toute simple, très cistercienne avec un petit air bourguignon.

● *Dans les environs de Cadenet (ci-contre). Un troupeau à Reillanne (en haut, à droite). Vue de l'abbaye de Silvacane (en bas, à droite).*

ANSOUIS

Encore un éperon, encore un village suspendu au soleil...

C'est Ansouis, ses maisons-remparts, sa petite tour communale, son château mi-forteresse mi-demeure de plaisance, qui doit sa dualité aux aimables retouches Louis XIII, apportées à un noyau médiéval plutôt sévère. Jardins suspendus, élégants jardins en terrasse décorés de buis taillés, esplanade de marronniers : on respire ici un air de grand large.

La visite commence par un large escalier d'honneur d'époque Henri IV, qui donne accès aux armures de la salle des Gardes. La salle à manger possède de belles tapisseries XVIIᵉ. Chambre dite « de François Iᵉʳ », cabinet Renaissance, cuisine provençale, chapelle, tout cela donne une impression de lieu habité, qui ne saurait étonner : la famille des Sabran, alliée aux comtes souverains de Forcalquier, occupe les lieux depuis, environ, l'an 960.

● *Ansouis.*
L'église (ci-dessus), le château (ci-contre), un détail de la façade de celui-ci (à droite).

GANAGOBIE

Voisine de Lurs (célèbre par son centre de recherches graphiques autant que par l'un de ses extraordinaires paysans, le « patriarche » Dominici, accusé d'un crime il y a quelques dizaines d'années), Ganagobie, à 650 mètres d'altitude et ornée de vénérables chênes verts, s'enorgueillit d'un très ancien prieuré bénédictin, dont l'église constitue un bel exemple du style roman provençal. Pour y grimper, on emprunte une route en lacet, au flanc de la Durance.

LES MÉES

Les rochers des Mées, au confluent d'une rivière et de la Durance, font penser à une procession de pénitents et on leur donne souvent ce nom. Impressionnants, puisque certains atteignent une dimension de 100 mètres ou plus, ils constituent une curiosité de cette région.

MONTFURON

Encore un village qui joue à chat perché sur sa butte. Des ruines du château qui le domine, la vue embrasse tout à la fois le panorama grandiose de la Haute-Provence, l'impressionnante percée de la Durance et même, au sud, en direction d'Aix, la montagne Sainte-Victoire.

● *Le prieuré de Ganagobie (ci-dessus). Les « pénitents » des Mées (ci-contre).*
Moulin à Montfuron (à droite).

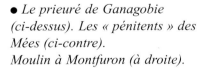

LA DURANCE

Le principal cours d'eau des Alpes du Sud.

Avec ses 324 kilomètres, elle dessine une Provence autre : celle des terres de Durance qui, des étendues rhodaniennes hachées de cyprès coupevent, remontent jusqu'au col du mont Genèvre, par une vallée sans cesse changeante.

Dans sa *Géographie sentimentale*, Alexandre Arnoux, de l'académie Goncourt, nous livre ainsi les clés de ce royaume : « Je nomme Haute-Provence ce pays de chimère, de mirage et de dénuement, incliné contre le rempart des Alpes et qui l'assaille avec ses amandiers, ses vignes, ses oliviers, ses terrasses de pierres crues et de pauvre croît, ses lavanderaies, ses champs de thym, de serpolet, de romarin, plus riche de parfums que de revenus... »

Mais la vallée s'élargit bientôt en grèves cailouteuses mangées de peupliers, rarement bouleversées par les crues dont le torrent était coutumier. L'enfant terrible, le « fléau de la Provence », a vu ses colères tempérées par une série de barrages, qui l'ont dressé à servir les humains après les avoir tant fait souffrir. Cadarache, Curbans, Oraison, Beaumont : des centrales électriques transmutent sa force sauvage en énergie domestique. Dans son cours inférieur, elle transfuse son sang, par d'innombrables canaux, à une économie agricole épanouie.

Alimentation, énergie, irrigation : elle donne tout, en conservant le privilège de ne rien perdre de ce qui fait sa force réelle : l'emprise de sa beauté sur les hommes.

● *Les vestiges du château de la Tour-d'Aigues (ci-dessus). Paysage des environs de Manosque (en haut, à droite). La vallée de la Durance, en Haute-Provence (ci-contre).*

MANOSQUE

Les derniers coteaux du Lubéron affleurent la petite ville, que deux enceintes concentriques enfermaient autrefois. Des boulevards circulaires courent aujourd'hui à leur place. Avec ses rues étroites aux portes anciennes, ses petites places, l'église Saint-Sauveur surmontée d'un campanile et Notre-Dame sa voisine, le marché de l'Hôtel de Ville qui se tient une fois par semaine, la porte Soubeyran et sa balustrade, la porte de Saunerie et ses deux tourelles, Manosque contient tout l'espace intérieur de Jean Giono, qui y naquit en 1895.

FORCALQUIER

De la colline où elle se tient, la ville des fours à chaux, Forcalquier, commande tout le bassin coincé entre la montagne de Lure, le Lubéron et la Durance. Au début du XIIIe siècle, c'était un puissant comté dont le comte-troubadour, Raymond Béranger, tenait cour d'amour au château. Ses quatre filles épousèrent chacune un roi.

VALENSOLE, LA MONTAGNE DE LURE

Face à Manosque, plusieurs petites routes escaladent le plateau de Valensole, couvert de champs de lavande, où les amandiers viennent fleurir dès mars. Un enchantement un peu sauvage où Giono a situé une part de son œuvre. Valensole elle-même n'est qu'un gros bourg paisible, où quelques fontaines recueillent le reflet de la grosse tour de l'église.

La montagne de Lure grimpe sur 30 kilomètres, de Forcalquier aux portes de Sisteron, où ses 1 826 mètres s'effondrent d'un coup. Une route accidentée parcourt cette arête, tournoyant dans les déserts parfumés d'herbes aromatiques où le « signal de Lure » jaillit devant le Ventoux, le Vercors, le Pelvoux, les Cévennes et la Méditerranée lointaine. Voici Lure et sa forteresse épiscopale, Saint-Étienne-les-Orgues, où l'on fabriquait des « drogues » à partir des plantes, Notre-Dame-de-Lure, le sommet, et la plongée brutale sur Sisteron.

● *Porte ancienne, à Manosque (en haut, à gauche). L'église de Forcalquier (en bas, à gauche). Un champ de lavande à Valensole (ci-contre). Un aspect de la montagne de Lure (ci-dessous).*

SISTERON

La Provence s'arrête à cette cluse impressionnante, où la Durance se glisse entre les fortifications et le prodigieux rocher de la Baume, dont les strates jaillissent à la verticale du cours d'eau. La ville se serre de part et d'autre et une rue évite la citadelle par un tunnel taillé dans la colline. Une série d'escaliers et de terrasses donnent accès à l'intérieur des puissantes murailles du XVIe. À la Guérite du Diable, le cauchemar pétrifié du rocher de la Baume y paraît encore plus impressionnant que d'en bas.

Le très vieux Sisteron se blottit derrière le clocher carré de l'église Notre-Dame, entre la rue Droite et la rivière : ruelles taillées au couteau, chiche lumière, hautes maisons rigides coupées de rampes voûtées – les andrones – particulièrement raides, places minuscules. C'est un peu froid l'hiver, mais assez spectaculaire comme on peut s'en assurer depuis la route qui enfile, au-delà du pont, la haute vallée du Vançon. Il y a là, gravée sur la paroi du profond défilé de la Pierre Écrite, une monumentale inscription en l'honneur d'un préfet des Gaules, Dardanus, saisi par les vertus du christianisme alors que vacillait l'Empire romain.

Le comte-troubadour Raymond Béranger adorait cette *forte ville de gran passage par passa los mons* et qui, de ce fait, a toujours connu une forte agitation historique.

● *Trois aspects de Sisteron (ci-dessus, ci-contre et en haut à droite). La chapelle Notre-Dame-de-Beauvoir, à Moustiers-Sainte-Marie (en bas, à droite).*

MOUSTIERS-SAINTE-MARIE

Quel site étonnant que cette monumentale falaise sabrée en son milieu.

A sa base, la petite ville est venue s'accrocher, face à une galopade de paysages qui se dérobent droit devant !... Moustiers, Monasterium : venu de l'abbaye de Lérins, saint Maxime y avait fondé un monastère, dès le Vᵉ siècle. L'étoile dorée, que l'on peut voir suspendue à une chaîne longue de deux cents et quelques mètres tendue là-haut entre les bords de la faille, est un ex-voto de taille : un chevalier, revenu indemne des croisades, aurait voulu remercier le ciel en y ajoutant une étoile !

Le clocher de l'église est taillé à même le tuf. Et voilà la chapelle Notre-Dame-de-Beauvoir, fondée au temps de Charlemagne, perchée sur un replat à mi-chemin de l'effondrement, accessible par un seul chemin jalonné d'oratoires qui démontrent sa fréquentation. L'endroit, décidément, est peu ordinaire.

Un art superbe a jailli de ces lieux magiques : la faïence polychrome de Moustiers. Un religieux italien en aurait ramené les secrets au XVIIᵉ siècle. On peut voir quelques pièces de cette époque, claires et lumineuses, dans une crypte médiévale transformée en musée. Bleues à l'origine, elles ne devinrent polychromes qu'avec l'apparition de ces personnages, dits « grotesques », popularisés à la foire de Beaucaire, où ils parvenaient par une véritable caravane de mulets. Après une période de déclin, plusieurs artisans passionnés lui ont refait une célébrité.

● *Moustiers-Sainte-Marie et son site (ci-contre).*
Les gorges du Verdon (ci-dessus).

LES GORGES DU VERDON

Elles commencent à Castellane et s'achèvent net dans le lac de Sainte-Croix, aux portes de Moustiers-Sainte-Marie.

Le Verdon, patient artisan de ce chef-d'œuvre géologique, n'a fait qu'utiliser les fractures naturelles du plateau pour s'y enfoncer jusqu'à 500 et parfois 700 mètres, sculptant le prodigieux Grand Canyon, dont les parties les plus étroites ne sont guère plus larges que de 5 à 6 mètres : 21 kilomètres de gorges insensées, parcourues pour la première fois en 1905 au prix de réels périls, par Martel, père de la spéléologie.

Il faut être un marcheur en forme et s'entourer de précautions pour s'embarquer sur le sentier aménagé par le Touring Club de France. Mais deux routes superbes, jalonnées de balcons, permettent de plonger l'œil dans cette merveille. On a pu affirmer que l'itinéraire de la Corniche Sublime, dessiné pour cueillir au passage les points les plus impressionnants, n'est rien moins qu'une authentique perfection touristique. Balcons de la Mescla, falaise des Cavaliers, la route flirte avec l'abîme profond de 500 mètres... Falaise de Boucher, pas de l'Imbut : un chaos effondré au pied de 400 mètres de paroi lisse... Cirque de Vaumale, col d'Illoire, terminus avant la descente sur le lac. Côté nord, de Rougon à La Palud, la route des crêtes est aussi spectaculaire.

● *Aix-en-Provence.*
Le cours Mirabeau (ci-contre).
La place d'Albertas (en bas,
à gauche). La grille de l'hôtel
de ville (ci-dessous).
Le pavillon Vendôme (ci-dessus).
La tour de l'Horloge (à droite).

AIX-EN-PROVENCE

D'aussi loin que puisse courir la mémoire, Aix a toujours été la capitale qu'elle demeure.

En 123 avant J.-C., le consul romain Sextius Calvinus détruit la cité ligure qui occupe le site d'Entremont et, dans la plaine, édifie un camp retranché. Vingt ans plus tard, les mousquetaires teutons débarquent en famille devant la ville, où Marius les attend avec ses légions : cent mille barbares massacrés et cent mille prisonniers... La montagne voisine est baptisée Sainte-Victoire en l'honneur de ce triomphe, et les Provençaux commencent à prénommer leurs fils Marius !

Les comtes de Provence arrivent avec le XIIᵉ siècle. Le roi René parle une demi-douzaine de langues, peint, écrit, compose, connaît les sciences, remet en selle les jeux de la chevalerie, marie la reine Jeanne, et meurt dans sa bonne ville, à l'âge de 72 ans.

« Parlement, mistral et Durance sont les trois fléaux de la Provence », murmure-t-on sur les cours, peu après la réunion de la Provence à la France en 1486. Les gens de la belle ville ont la dent dure. Leurs grands hôtels, à balcons sculptés d'orgueilleuses cariatides, leur permettent de faire de l'esprit. Le comte de Mirabeau ne s'en prive pas : mangé par la petite vérole, pas un sou en poche, « la Bourrasque », comme on dit, séduit pourtant la plus jolie fleur de la noblesse provençale, Mlle de Marignane. Couvert de dettes, le voilà emprisonné au château d'If, d'où il ne sort que pour se faire élire député du Tiers État. On connaît la suite.

Avec ses beaux platanes, ses grands cafés et ses magasins d'un côté, ses superbes hôtels particuliers de l'autre, son animation permanente, le cours Mirabeau est le cœur de la ville. Les anciens quartiers se développent à gauche. Base romaine, corps médiéval, campanile Renaissance : œcuménisme architectural évident pour la tour de l'Horloge, qui flanque la façade baroque de l'hôtel de ville. Plus loin : la cathédrale Saint-Sauveur (roman-gothique-Renaissance, elle aussi) avec le célèbre triptyque du *Buisson ardent*.

Fruits, fleurs, marchés, petites rues aux noms de petits métiers, fontaines, musées innombrables : Granet (Beaux-Arts et archéologie), des Tapisseries, du vieil Aix, atelier de Paul Cézanne... Ville de culture avec ses étudiants, ses facultés, son festival d'art lyrique, ville au charme infini... C'est la toujours grande Aix-en-Provence.

● *Aix-en-Provence.*
La cathédrale (ci-contre).
Détail de l'entrée du pavillon Vendôme (en haut, à droite).
Le château du Tholonet (en bas, à droite).

LE CHÂTEAU DU THOLONET

Sur la route en corniche qui file d'Aix vers le massif de la Sainte-Victoire, le village du Tholonet montre, au milieu des pins, le parc et le château des Gallifet. Alexandre de Gallifet, président au parlement d'Aix vers le milieu du XVIIᵉ siècle, avait choisi cet endroit bien protégé du mistral par la falaise, pour y édifier cette belle demeure rafraîchie par de grands bassins tirés à l'ombre des platanes. La route Cézanne commence ici.

LA MONTAGNE DE LA SAINTE-VICTOIRE

Elle domine Aix et toute la plaine de ses vagues verticales éblouies de soleil.

Mais sa beauté n'est pas une découverte. Nous la connaissions déjà avant de la rencontrer, comme si elle n'avait pu être enfantée que par le pinceau de Cézanne. Paysages familiers aux visiteurs des musées, qui ne font que redécouvrir ici le motif : le jas de Bouffan, la ferme et le pigeonnier de Bellevue, sa vallée et son viaduc, la pinède de Château-Noir, les carrières de Bibémus... La transfiguration de la Sainte-Victoire, seule montagne au monde à figurer sous tous ses aspects dans les grands musées du monde !

Musée total elle-même, avec ses strates où l'on trouve encore des œufs de dinosaures ; l'*oppidum* celto-ligure du Bayon et celui de Ryans. Pourrières, village de vignerons, d'où l'on découvre un horizon qui n'a pas vieilli depuis les descriptions de Plutarque. Des barrages aussi : Bimont, Zola, construit par le père du petit Émile, qui courait la campagne, avec son ami Cézanne, en déclamant des vers.

Des pistes multiples parcourent les pentes. L'une d'elles relie, par la crête, la Croix de la Provence (945 m) au pic des Mouches (1 011 m). Du Pelvoux à la mer, du Rhône à l'Esterel, la Provence tout entière est ici.

Montagne envoûtante, ficelant Cézanne à son pinceau. Un jour d'octobre 1906, un orage le surprend sur le motif. Trempé, grelottant, il s'évanouit sur la route, où un voiturier le découvre et le ramène chez lui, à Aix. Sa femme, son fils sont à Paris. Ni parent ni ami près de lui. Rien que sa vieille gouvernante, pour l'aider à rendre son âme à Dieu.

Ainsi l'itinéraire de Paul Cézanne se boucle-t-il à Aix : sa maison natale, rue de l'Opéra, la boutique du père, chapelier, à l'angle du cours Mirabeau et de la rue Fabrot, l'atelier des Lauves sauvé avec ses souvenirs des promoteurs immobiliers, le jas de Bouffan – la « demeure des vents » – mangé dans la périphérie. Et sa maison de la fin du jour, 23, rue Boulegon.

VENTABREN

De ce perchoir, la vue embrasse 180 degrés d'un panorama qui court de la Sainte-Victoire à l'étang de Berre, en survolant Aix dans un voile vaporeux. Légèrement plus au nord, à partir de Colony, la D 17 ne fait que suivre, sur la crête, le tracé de la vieille voie aurélienne qui débouche sur le balcon d'Equilles, avec Marseilleveyre et ses calanques, la Camargue tout là-bas... On se plaît à imaginer ici, sur la terrasse du château toute bruissante de cigales, le marquis d'Argens, philosophe, ami de Voltaire et chambellan occasionnel du roi de Prusse Frédéric II, écrivant à ce maître qui l'agaçait un peu : « Je suis aussi riche en Provence, où le vin coûte un demi-gros la bouteille, la viande un gros, où le soleil, à trois semaines près, chauffe mes appartements, dont le loyer ne me coûte rien, qu'à Potsdam avec une pension ! »

● *Vue d'Aix, au pied de la montagne Sainte-Victoire (à gauche).*
De haut en bas :
le sommet de cette dernière ;
vue de Ventabren.

VAUVENARGUES

Le château est aujourd'hui insépa-rable du nom de Picasso, qui l'avait acheté en 1958. On y arrive par la haute vallée de l'Infernet, où des bar-rages retiennent les eaux venues des pentes nord de la Sainte-Victoire. Cé-zanne d'un côté, Picasso de l'autre : fascination ? magie ? L'une et l'autre sans doute, avec le « plus » de l'œuvre au bout, et le philosophe Vauvenargues au milieu, dont la fa-mille occupait cette grande demeure au XVIIe siècle.

Austère colline de buis pour cet austère quadrilatère flanqué de deux grosses tours rondes, dégagées face au soleil par une large terrasse. Elle avait été posée là pour commander le passage d'une vallée déjà surveillée par les Romains.

Un petit oratoire aménagé dans l'une des tours abrite le corps de saint Séverin. Picasso repose à l'ex-térieur. Déçu par une belle proven-çale qui refusait son amour, Vauve-nargues monta comme on dit, à Paris et se fit philosophe : « Le goût écri-vait-il alors est une aptitude à bien juger des choses de sentiment. Il faut donc avoir de l'âme, pour avoir du goût. »

● *Le château de*
Vauvenargues (ci-dessus).
L'aqueduc de Roquefavour
(ci-contre).
La plaine, aux environs
d'Aix (à droite).

L'AQUEDUC DE ROQUEFAVOUR

à douze kilomètres à l'ouest d'Aix-en-Provence, le canal qui conduit à Marseille les eaux de la Durance franchit la vallée de l'Arc sur un ou-vrage exceptionnel. Trois étages à ar-cades comme le pont du Gard, mais il est haut de 83 mètres et long de 375, alors que son cousin romain ne me-sure que 275 mètres de long pour 49 de hauteur. Construit de 1842 à 1847, la technique et l'esthétique, accusées par l'impressionnante verticalité des piles, en sont sensiblement diffé-rentes.

LA BARBEN/SALON-DE-PROVENCE

À deux pas de Salon-de-Provence, le château de La Barben commande les gorges de la Touloubre. Une devise, dont la modestie n'est pas apparente, surmonte la porte : *Regem ego comiten, me comes regum* : « J'ai fait comte [de Provence] le roi [Louis XI], le comte [Louis XI] m'a fait roi. » Ainsi parlait l'aïeul des nobles, illustres et puissants Forbin, dont l'ancêtre Palamède, dit « le Grand », négocia l'union de la Provence à la France.

Salon : les Alpilles en toile de fond, les galets de la Crau à perte de vue, une sorte de rocher-récif détaché comme un repère où conver-

gent les yeux. Un marché agricole s'y installe, un château s'y construit (XIIIᵉ, XIVᵉ), aménagé en palais, où Malherbe tenait une cour littéraire. C'est l'Empéri avec ses enceintes, ses cours intérieures, ses grandes salles et un musée d'art et d'histoire militaire. Et puis cet exemple parfait du gothique méridional : la collégiale Saint-Laurent (XIIIᵉ), qui a l'insigne honneur d'abriter le tombeau de Nostradamus.

● *Un mas, dans les environs de Salon (en haut, à gauche). Le château de La Barben (en bas, à gauche). Vue de Pélissanne (ci-dessus). Le centre de Salon-de-Provence (ci-contre).*

L'ÉTANG DE BERRE

Que reste-t-il de cette jolie mer intérieure ceinturée de collines si typiquement provençales ?

Que reste-t-il de la trilogie économique rurale : vignes, oliviers, chèvres, doublée par les antiques métiers de la mer ? Lavéra est devenu un port pétrolier. Derrière Berre et Rognac, les raffineries alimentent sans cesse la grande muraille des réservoirs. Pipe-lines, autoroutes, rails, avions, centrales thermiques, falaises artificielles des HLM, marées noires sur la terre comme au ciel. Et l'olivier ? Disparu...

SAINT-CHAMAS ET FOS-SUR-MER

Sous la colline de Miramas-le-Vieux (Miramas, ou miramar : qui regarde la mer), Saint-Chamas regarde passer les trains du progrès Paris-Marseille, qui franchissent la vallée de la Touloubre par un viaduc en courbe d'une belle audace. L'arche unique du vieux pont Flavien porte encore la griffe de son constructeur, Donnius Flavius, soulignée par les témoignages gravés, admiratifs, d'innombrables visiteurs compagnons du tour de France.

Fossa Mariona : le canal de l'embouchure du Rhône creusé par les légions de Caïus Marius.

On peut toujours essayer de chercher, du côté de la pointe Saint-Gervais, les vestiges immergés du port romain antique. Enceinte fortifiée, château du XVᵉ, antique cimetière... De quelque côté que l'on se tourne, tout nous ramène à la formidable zone industrielle et portuaire créée de toutes pièces entre 1968 et 1974...

● *L'étang de l'Olivier, près d'Istres (ci-dessus). Le pont Flavien, à Saint-Chamas (ci-contre). L'église de Fos-sur-Mer (à droite).*

● *Martigues.*
Le port des barques (ci-dessus,
à gauche). Aspect d'un quai
(ci-contre). Vue générale de
la vieille ville (ci-dessus, à droite).

MARTIGUES

La « Venise provençale ».

Canaux, ponts mobiles, odeur de saumure, filets qui sèchent près des barques, sur le « miroir aux oiseaux » du quai Brescons... La mémoire de Martigues, la « Venise provençale » chantée par Alibert, c'est à Vincent Scotto que nous la devrons un jour. Et aussi à Corot, à Ziem et tant d'autres peintres amoureux de cette petite merveille, dont les vieilles, hautes, petites maisons ocre, escortent le chenal de Caronte, de la mer à l'étang de Berre.

Trois quartiers composaient au Moyen Âge cette agglomération : l'un inféodé aux abbés de Montmajour, un autre aux archevêques d'Arles, le troisième – l'Île – aux comtes de Provence.

La ville conserva longtemps ses or-ganisations communales, que rappellent les églises des trois paroisses dans le quartier de Jonquières, le décor de la chapelle des Pénitents-Blancs de l'Annonciade ; face à l'église du quartier de Ferrières, voir le petit musée consacré au folklore local : l'étau des HLM qui enserre à craquer la légendaire Martigues est en passe de lui conférer le rôle d'un reliquaire.

L'ESTAQUE ET LA CÔTE BLEUE

La chaîne de l'Estaque boucle le sud de l'étang de Berre jusqu'aux premières jetées du port de Marseille.

De Martigues à la « capitale », une route parcourt sur toute sa longueur cette surprenante aridité blanche tachetée, çà et là, par le vert sombre des pins. Suivant d'abord la côte, elle remonte dans l'intérieur par le val de l'Aigle avant de plonger sur Marseille, que l'on découvre du côté de l'entrée de feu le canal du Rove.

Falaises de Niolon, Méjean de ce côté... Sévérité des verticales plongeant dans le bleu sombre... Pointe Corbière, le phare du cap Couronne pointant l'entrée du golfe de Fos... Dur, dur !

Mais, entre les deux, le relief s'adoucit en amabilités souriantes où viennent se nicher le petit port de Sausset-les-Pins, Carry-le-Rouet, l'élue de Fernandel. C'est la Côte Bleue, chère aux Marseillais. Une côte qui ne se donne pas toujours facilement : de la Redonne au Rouet, il faut « se les gagner » ces petites criques couleur de safran, avec leurs plages de galets, leurs rochers acérés et leurs étrangetés, comme ce curieux îlot du Grand-Mornas avec sa tête de sphinx !

● Carry-le-Rouet (en haut, à gauche et ci-contre, à droite). L'Estaque (ci-contre, à gauche). La Côte Bleue et Redonne (ci-dessus).

● *Marseille.*
L'entrée du Vieux-Port (ci-dessus, à gauche). La basilique Notre-Dame-de-la-Garde (ci-contre). La cathédrale, face au port des longs-courriers (ci-dessus, à droite).

MARSEILLE

Une ville cosmopolite aux multiples visages…

À gauche l'Estaque, au fond la chaîne de l'Étoile, qui se replie à droite sur celle de Carpiagne et la petite montagne de Marseilleveyre, qui plonge à la verticale dans une encre déjà profonde. Marseille tout entière tient dans cette cuvette, où tournent en rond les peuples de l'Orient poussés jusqu'à sa porte par les vents de l'Histoire.

Cosmopolite… Du grec *kosmos* : « univers » ; et *polités* : « citoyen ».

Marseille, ville des citoyens du monde : un privilège d'où elle tire sa fortune, mais qui lui fait parfois un peu grincer les dents.

Tout a commencé quarante ans avant J.-C. lorsque des Grecs d'Asie Mineure, des Phocéens, débarquent au fond du Lacydon (l'actuel Vieux-Port) à l'instant où le roi ligure Protis offre un banquet aux prétendants de sa fille Gyptis. La belle doit donner une coupe pleine à celui qu'elle choisira. C'est au beau Grec qu'échoit la timbale. Mariage, installation d'une colonie, d'un port. Comptoirs dans l'intérieur et sur les côtes. Pendant plusieurs siècles, la république grecque de Massalia va

vivre en autonomie, jusqu'à ce que les menaces de Carthage la poussent à s'allier aux Romains. Pourquoi n'y voit-on pas aujourd'hui de monuments comme en Arles ou à Nîmes ? Parce qu'ayant choisi le mauvais cheval lors du conflit César contre Pompée, elle sera totalement dépouillée par César vainqueur, et végétera jusqu'à ce que les croisades relancent les chantiers navals et ses échanges avec l'Afrique du Nord et le Levant. Dès lors, elle sera hostile à toute démarche politique, préférant aux combats l'intérêt de son commerce.

La Révolution ne la laisse cependant pas indifférente ; elle y gagnera

même d'y baptiser l'hymne du Strasbourgeois Rouget de Lisle, colporté tout au long de leur route par cinq cents volontaires partis rejoindre les armées de la République : la *Marseillaise !* Mais quand Napoléon revient de l'île d'Elbe, il échappe de peu aux Marseillais quasi ruinés par la flotte anglaise et le blocus continental. Royaliste sous le premier Empire, républicaine sous le second, Marseille n'aime pas qu'on la mène en bateau : elle ne joue que le jeu des siens. Stimulée par la conquête de l'Algérie, elle n'explosera vraiment qu'à l'ouverture du canal de Suez.

Suivre ces péripéties à la trace dans

● *Marseille.*
Le Vieux-Port (à gauche).
L'hôtel de ville (ci-dessus).
Façade et grand balcon
de ce dernier (ci-dessous).

la chair de la ville n'est pas chose aisée. Au cours des dernières décades, on a découvert au pied de la Bourse, les vestiges de quais du second siècle avant J.-C. Des débuts du christianisme subsiste la crypte de la basilique Saint-Victor, plantée, avec ses deux tours carrées, au droit de l'ancien bassin de carénage. L'expansion du XIXᵉ siècle, réduisant le Vieux-Port à l'usage de symbole, l'a remplacé par les installations de La Joliette, qui firent de Marseille pour un temps le premier port de France. En 1943, les Allemands firent sauter l'antique quartier de la rive droite, épargnant le vieil hôtel de ville. Sur ces ruines, l'architecte Fernand Pouillon a reconstruit une façade réussie au quai du Port, derrière lequel la chirurgie esthétique met la main aux charmes vétustes du populaire quartier du Panier.

Peu importe le bizarre style romano-byzantin de Notre-Dame-de-la-Garde, plantée au siècle dernier sur son rocher par un architecte nommé Espérandieu ! Tout Marseille est, à la lettre, aux pieds de sa Bonne Mère : l'animation du Vieux-Port alimentée par la célèbre Canebière ; les grands bateaux ancrés aux quais de La Joliette jusqu'à l'Estaque ; le Pharo,

vers la route de la Corniche, avec le monument aux morts d'Orient, la carte postale du vallon des Auffes, le Marseille nouveau du Prado et du parc Borély. Et le fin fond de la Madrague, où le petit port des Goudes, le phare du cap Croisette et celui du Planier marquent en pointillés la frontière de deux mondes.

● *Marseille.*
La côte de la Corniche (à gauche).
Le vallon des Auffres (ci-contre).
Le château d'If (ci-dessous).

LE CHÂTEAU D'IF

C'est en y enfermant les héros de son *Comte de Monte-Cristo,* qu'Alexandre Dumas lui a donné les dimensions de la célébrité.

Pomègue et Ratonneau, deux îlots chiens de garde à l'entrée du Vieux-Port. Des milliers de visiteurs défilent chaque année dans la forteresse du château d'If, construite au XVIᵉ siècle et devenue prison cent ans plus tard. On leur montre les cachots où furent détenus le Masque de Fer, le prince Casimir de Pologne, des religieux, des femmes dites légères. C'est en y enfermant les héros de son *Comte de Monte-Cristo,* qu'Alexandre Dumas lui a donné les dimensions de la célébrité.

LES CALANQUES

Au-delà du petit port des Goudes, où la sécheresse ne tolère pas un arbre, Marseille bute sur la montagne de Marseilleveyre, dont les abrupts rejettent la route de Cassis sur les hauteurs du col de la Gineste.

Collectivités et associations de défense de la nature s'efforcent de préserver cette belle solitude de la pression urbaine. Son classement l'interdit heureusement à la circulation jusqu'à la mer, tout en ouvrant aux piétons des sentiers qui bordent les falaises et grimpent à travers la garrigue, par le col des Chèvres ou celui de la Selle, vers le panorama du large : Tiboulen, Maire, Jarre, Calsereigne, Riou, puissants îlots désolés aux pieds farcis d'épaves antiques.

Une remontée du niveau marin il y a environ douze mille ans les a détachés de la côte, submergeant en même temps les habitants préhistoriques, découverts sous l'eau, et noyant les vallons très raides du massif. Ce sont, jusqu'à Cassis, les étroites calanques, gorges sabrées dans le calcaire éclatant : Sormiou, Morgiou, En-Vau, Port-Pin et autres, d'un accès délicat par la terre, amusant par la mer depuis Marseille ou Cassis, ouvertes à toutes les béatitudes des sens : escalade, pêche, baignade, naturisme, pétanque, pastis, bouillabaisse et vertiges divers dans les petits caboulots blottis au fond de ces fjords tapissés de pinèdes.

● *Aspects des calanques*
(en haut, à gauche et ci-contre).
La calanque d'En-Vau
(en bas, à gauche).

CASSIS

Chandelles, pitons, cheminées, à-pics, calanques, vertiges. La falaise du cap Canaille plonge sur la dépression de Cassis. Les pentes serrent la petite ville contre son quai aux larges dalles. Au pied du Baou-Redon, l'espace est mesuré. Antonin a visité tout là-haut l'*oppidum* celto-ligure, mais c'est au ras de l'eau qu'il a vu son *portius carsius,* que des vicissitudes font abandonner après le Vᵉ siècle, réoccuper autour d'un château et enfin

(XIVᵉ), définitivement installer jusqu'où les bateaux peuvent s'accrocher : une jolie baie fermée à l'est par l'aride massif de Puget, à l'ouest par le front de taureau du cap Canaille.

Une réglementation draconienne a réussi à conserver au petit port ce charme extrême qui est son capital. Au fond d'un bassin où dansent des barques multicolores, les étroites maisons dressent leurs façades d'ocre léger sur deux, trois étages, avec une terrasse en retrait là-haut, pour prendre ses distances avec les foules

estivales agglutinées sous les parasols des cafés. La saison d'été n'est peut-être pas la meilleure pour chercher, parmi ces figurants, la silhouette de Calendal le pêcheur, que Mistral avait fait naître par ici. En revanche, convenablement utilisés sur fond de rascasse ou de loup grillé, les blancs et les rouges de l'arrière-pays sont capables de susciter bien des transfigurations : Matisse, Dufy, Vlaminck et quelques autres l'ont démontré, Cassis fut et demeure un des hauts lieux de la peinture moderne.

● *La côte méditerranéenne, juste avant Cassis (en haut, à gauche).*
Cassis : les quais du port (en bas, à gauche) et vue générale (ci-dessus).

LA CIOTAT

Cassis et La Ciotat (La Cieuta : la cité) furent longtemps deux sœurs maritimes jumelles avant que celle-ci ne finisse, au siècle dernier, par prendre l'avantage dans les activités de la mer. Une route d'une quinzaine de kilomètres les relie par la corniche des Crêtes, où le point de vue du sémaphore ouvre des perspectives jusqu'au cap Sicié, qui marque l'entrée de la rade de Toulon. Elle débouche sur la baie de La Ciotat, où les chantiers de construction navale n'ont cessé de s'étendre depuis leur installation, en 1835. Avec ses rues qui débouchent sur le port, la vieille ville ne manque pas d'intérêt. Mais son charme tient surtout aux longues promenades du bord de l'eau et à l'activité bon enfant qui anime les quais.

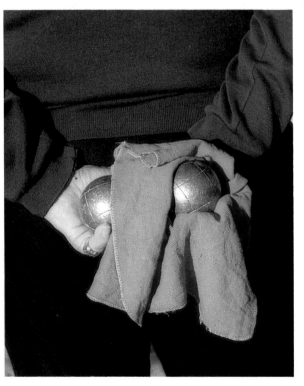

● *La Ciotat :*
le cap de l'Aigle (à gauche).
Vue générale (ci-dessus).
La pétanque... (ci-contre).

BANDOL

La route vers l'est coupe tranquillement l'intérieur pour rejoindre les quais de Bandol plantés de palmiers et de platanes. Protégée au nord par une ligne de vignes, d'oliviers et de tamaris, cette plaisante petite ville estivale s'allonge sur sa baie comme dans un transat. À portée de voix du rivage, l'île de Bandol a été aménagée en village provençal, doté d'un musée de la mer, d'un théâtre de verdure et d'un parc zoologique, par le même mécène du pastis, qui a créé, dans l'arrière-pays, le circuit automobile du Castelet.

SANARY

Comment san Nary – saint Nazaire, un saint tout à fait atlantique – vint-il s'échouer ici ?

Jumelle de sa voisine Bandol, Sanary-sur-Mer est englobée dans une urbanisation galopante qui s'étale bien au-delà de Toulon. Comment san Nary – saint Nazaire, un saint tout à fait atlantique – vint-il s'échouer ici ? Nul ne se souvient de saint Nazaire, sinon qu'il a laissé son nom à cette cité très familiale, où l'on continue à vénérer son buste reliquaire en bois doré.

Sur un promontoire qui domine la mer, la chapelle Notre-Dame-de-la-Pitié enferme une belle collection d'ex-voto et de naïfs qui fait le bonheur des amateurs d'art dit « primitif ». À l'arrière-plan, les hauteurs du Gros Cerveau tiennent leur nom d'un cerf très commun autrefois dans la région. Aux temps anciens, un *oppidum* préligure avait été édifié sur ces hauteurs, où diverses civilisations se sont succédées aux premiers siècles de notre ère. Une grotte y abrita même des sorcières et un fameux bandit, ce qui suffit à entourer l'endroit d'une barrière de respect.

● *Vues de Bandol (à gauche). La côte, entre Bandol et Sanary (ci-dessus). Barques, sur un quai de Sanary (ci-contre).*

● *Toulon.*
En rade, un navire de guerre
(ci-dessus). Le port de pêche
et le quai Stalingrad (ci-dessous).
Vue générale (à droite).

TOULON

Toulon possède la rade la plus sûre de la Méditerranée.

Abritée derrière la presqu'île de Saint-Mandrier, au pied du mont Faron, qui lui dresse un rempart vers le nord, la rade de Toulon est la plus sûre de la Méditerranée. Aux XVIIe et XVIIIe siècles, les galères du roi en avaient fait un endroit redoutable pour les condamnés que l'on y enchaînait. Mais quand la voile remplaça la rame, le bagne de Toulon – celui du Jean Valjean des *Misérables* – n'en conserva pas moins la plus sinistre des réputations.

Livrée en 1793 à une flotte anglo-espagnole par les royalistes, Toulon fut libérée par un petit capitaine nommé Bonaparte. L'escadre de la Méditerranée s'installe dans ses quartiers. Elle s'y sabordera en novembre 1942, alors que les Allemands tentent de s'en emparer.

Toulon a pansé ses blessures de guerre. Les grands immeubles du quai Stalingrad dissimulent la vieille ville, où des musées entretiennent le souvenir d'un riche passé. Dans le port, les bateaux de plaisance flirtent avec les grands navires de bataille, que des touristes, en vedette, visitent à distance respectueuse. Mais c'est du mont Faron, accroché au-dessus de la ville, que l'on percevra réellement la beauté époustouflante de la grande rade étalée jusqu'au golfe de Giens.

LA SEYNE,
SAINT-MANDRIER,
HYÈRES

Sur la partie ouest de la rade de Toulon, La Seyne est un port de pêche et de plaisance, bien qu'elle soit surtout connue pour ses chantiers de construction navale. Plus loin, voici la presqu'île de Saint-Mandrier, dont le port de pêche semble ramené à sa plus minuscule expression par le voisinage de la grande base aéronavale. Une forte grimpette conduit jusqu'à un petit cimetière, où la vue sur l'ensemble des installations portuaires et le mont Faron est somptueuse.

La Côte d'Azur s'amorce à Hyères, adossée au massif des Maurettes. La

ville tient son nom des aires (iéro en provençal), d'où l'on tirait autrefois le sel. Celle qui fut l'une des premières stations de villégiature de la côte demeure très fréquentée en toutes saisons. Son aimable climat, si bénéfique aux fraises et aux pêches, l'est également au teint de ses fidèles, attachés aussi bien aux vieilles rues qu'aux avenues de palmiers qui lui confèrent son caractère.

● *La collégiale de Six-Fours (en haut, à gauche). Vue de Saint-Mandrier avec, au fond, Toulon (en bas, à gauche). Aspect d'Hyères (ci-dessus). À La Seyne, la baie du Lazaret (ci-contre).*

PORQUEROLLES ET LES ÎLES D'OR

Le soleil, qui les bronze elles aussi, les a fait baptiser : îles d'Or.

François Ier en avait fait un marquisat, que le manque de main d'œuvre poussa à attirer, en les amnistiant, une armée d'individus de sac et de corde. On voit d'ici le résultat ! Avec 7 kilomètres de long sur 2 de large, Porquerolles est la plus étendue. On n'y circule cependant qu'à bicyclette. Plages au nord, rochers au sud ; au centre : pins, eucalyptus et vignes. Face à Giens : un tout petit village au fond d'une toute petite baie entourée d'hôtels et de villas. Un sentier conduit jusqu'aux plages et au sémaphore, un autre à la pointe du Grand-Langoustier, un troisième, par plein travers, du côté du phare.

Avec ses deux îlots satellites, Port-Cros a été protégée par l'attribution du label « parc national ». Un peu plus haute que les deux autres, c'est un petit paradis où des sentiers balisés – on ne circule ici qu'à pied – permettent de s'y promener sous réserve d'interdits féroces : ni camping, ni chasse, ni cigarettes.

Le culte de la nature est aussi la spécialité de l'île du Levant, mais selon un tout autre rituel. L'ex-corne d'abondance des moines de Lérins s'est transformée, autour d'Héliopolis, en caravansérail pour naturistes dont la principale occupation est d'adorer le soleil.

● *Une baie de Port-Cros
(en haut, à gauche).
La pointe du Grand-Langoustier
à Porquerolles (en bas, à gauche).
À Porquerolles :
le port principal (en haut, à droite)
et le fort du Petit-Langoustier
(en bas, à droite).*

LE LAVANDOU

Par les rues étroites et les vieilles maisons de Bormes-les-Mimosas, la route descend au Lavandou, où l'on s'étonne de voir surgir dans ce pays de plaine d'aussi hautes tours d'habitation. Les empilements estivaux en seraient-ils au point de réduire l'urbanisme à cette solution ? Ils ne sont pas tels au cap Bénat, qui prend racine ici même : vastes bois, propriétés privées, villas intégrées au site... Le goût n'est trop souvent qu'affaire de moyens. Question que l'on ne pose pas aux présidents de la République, qui passent des vacances de prisonniers politiques entre les murs du fort de Brégançon.

● *Une crique de Port-Cros (ci-dessus).*
La pointe de la Fossette, au Lavandou (ci-contre).

● *Le fort de Brégançon*
(en haut, à gauche).
Aspect de la côte voisine
(en bas, à gauche).
Une vue de la corniche
des Maures (ci-dessus).

LA SAINTE-BAUME ET SAINT-MAXIMIN

À l'est d'Aix-en-Provence, une belle plaine de vignobles et de cultures s'étire en direction du Var, à travers un ancien lac asséché par les Romains et les moines. Au centre, les toits de Saint-Maximin se serrent autour d'une des plus vieilles basiliques gothiques de France. La sobriété de son intérieur est tout à fait remarquable, ainsi que la richesse de son mobilier et la sonorité d'un orgue, dont l'âge canonique (1773) ne lui interdit pas d'illuminer encore les *Nuits musicales* de l'été. Mais c'est vers la crypte que convergèrent, tout au long du Moyen Âge, des pèlerinages énormes : la tradition y place en effet le tombeau de sainte Marie-Madeleine, vénérée immédiatement après celui du Christ et de saint Pierre à Rome.

La Sainte-Baume s'étend au sud de ce gros bourg, jusqu'aux portes d'Aubagne. Du baou de Saint-Cassieu (1 010 m) à l'est, au baou de Bertagne (1 041 m), la crête s'étire régulièrement sur environ 12 kilomètres, en culminant à 1 147 mètres, au signal de la Sainte-Baume. Une multitude de rivières s'échappent de ce « château d'eau » de la Provence occidentale.

● *Le massif (ci-dessus) et le sommet de la Sainte-Baume (à droite). La basilique de Saint-Maximin (ci-contre).*

LES CAMPANILES

« C'était plus qu'une province : une autre Italie », écrivait Pline en parlant de la *provincia romana,* dont la référence permanente au modèle romain allait finir par conférer à cette « Provence » les traits d'une civilisation particulière, dont on perçoit l'approche, en descendant vers le Midi, dès l'apparition des tuiles rondes – dites « romaines » – dans le paysage.

● *Paysage des environs de Roquefavour (à gauche) : toute la Provence...*
● *Les campaniles d'Apt (ci-dessus) et Notre-Dame-d'Aubune (ci-contre).*

Il était d'autant plus normal que l'architecture fût influencée par les nouveaux venus qu'il n'existait pas grand-chose avant. L'après allait de soi : le mouvement continue toujours sur les courants établis, relancés par les mouvements naturels des populations. C'est ainsi que les campaniles, éléments caractéristiques de nombreux édifices religieux méridionaux, sont venus s'ajouter ici aux églises coiffées ailleurs par les clochers.

« Campanile » est un mot italien né sur la racine *campana* qui signifie « cloche » : une tour ajourée, une construction destinée à porter les cloches, qui peut être somptueuse comme celle de Florence ou de Pise,

● *À Uzès, la tour Fenestrelle
(à gauche). Celle de l'Horloge,
en Avignon (ci-dessus, à gauche).
Le campanile d'une église
d'Uzès (ci-contre, à gauche).
Ceux d'Ansouis (ci-dessus, à droite)
et de Ménerbes (ci-contre, à droite).*

aussi bien que discrète à l'extrême dans les plus modestes chapelles campagnardes, dont elles demeurent cependant l'ornement principal du fronton-portail.

La symbolique du campanile (ou du clocher, c'est la même) se rattache aux temps mythiques des Origines où la Terre et le Ciel constituaient un Paradis unique. Mais quand la « Faute » les eut séparés, il fallut bien garantir aux Justes une porte d'accès vers le haut, vers ces contrées où le Bien s'était réfugié, près des Dieux. Toute élévation pouvait jouer ce rôle. Plus une montagne était haute, plus elle était « sacrée ». Il en était de même pour les arbres (certaines populations vénèrent encore les géants), dont les

racines profondément ancrées dans la Terre-Mère, tournent leurs branches à l'infini. Puis vint la tour et enfin, dans la tradition judéo-chrétienne, le clocher ou le campanile, dans lequel le son de la cloche s'en vient répercuter aux oreilles des fidèles l'écho de la Puissance Divine.

Or, bien qu'elle ne soit – théoriquement – qu'accessoire, la notion de charme n'en a pas moins fini par acquérir une dimension d'importance qui fait échapper le campanile à sa stricte dimension religieuse, pour atteindre le simple spectateur lorsque le plaisir du voyage commence avec celui des yeux. Ainsi, la petite chapelle Saint-Sixte d'Eygalières inscrit-elle son modeste pi-

gnon-campanile dans l'un des plus harmonieux paysages de Provence, alors qu'à ses pieds coulent les sources qui s'en allaient alimenter Arles en fraîcheur, après avoir porté le village sur leurs fonts baptismaux.

De ces petits miracles de grâce, la Provence n'est pas avare. Comme les campanules qui brodent les vallons de mille couleurs, ce sont les fleurs d'une passion qui jalonne les mystérieux chemins de la foi. Une cloche sonne toujours quelque part pour quelqu'un. Son rythme finit par s'imprimer dans la chair des jours, au point qu'il n'est pas rare de le voir déterminer ce réflexe collectif d'attachement exclusif à un lieu, banalisé sous l'étiquette un peu péjorative d'« esprit de clocher ».

● *Manosque, la porte Soubeyran (page de gauche, à gauche). Campaniles à Sisteron (page de gauche, à droite), à Lambesc (ci-dessus, à gauche). La tour de l'Horloge, à Aix-en-Provence (ci-dessus, à droite).*

Mais, Dieu merci, il en est encore quelques-uns à préférer aux chants des sirènes, celui, unique, de leur cloche, pour dire à l'étoile filante qui passe : « Bel ange, Dieu t'accompagne !... »

● *Clocher de Notre-Dame-des-Accoules, à Marseille (ci-contre) et campanile de La Ciotat (ci-dessus).*

LES FONTAINES DE PROVENCE

Dans la tradition judéo-chrétienne, l'eau représente l'origine de la création. Tout ce qui est vie lui est donc rattaché et il coule de source que le symbolisme de la fontaine soit exprimé par un jaillissement au pied de l'Arbre de Vie, situé au centre du Paradis : c'est la fontaine de Vie, d'Immortalité, du Savoir, de Jouvence, que l'on retrouve également dans la tradition arabe, au milieu du patio carré, enclos dans les constructions d'habitation. Le tout figurant bien entendu, au milieu du désert, l'image même dudit Paradis.

En une Provence dont la sécheresse conduit à déifier pratiquement chaque source, les villages se glissent volontiers dans ce moule idéal : une petite

● *Fontaines, à Uzès (ci-dessous), en Arles (ci-contre).*

place ou un cours ombragé de platanes, avec une fontaine et quelques cafés, voilà dessiné le cadre, le cœur d'une vie sociale, qui échappe aux maisons repliées sur elles-mêmes pour fuir le soleil. Quand l'importance du débit excède les besoins, il arrive que le village ne soit plus

● *Fontaine à Séguret,*
près de Vaison-la-Romaine
(ci-contre, à gauche).
À Aix, la célèbre rotonde
du cours Mirabeau (ci-dessus,
ci-contre à droite et pages
suivantes).

qu'une annexe de ses eaux : c'est Fontaine-de-Vaucluse, ou Pernes-les-Fontaines, avec ses vieux bassins.

À Glanum, près de Saint-Rémy-de-Provence, une source est à l'origine du sanctuaire : toute une série de cultes s'y sont regroupés sur les thèmes de la vie, de la fécondité, de la force, de la guérison. Son bassin est chapeauté d'un temple romain où l'on peut encore déchiffrer l'inscription : *(Vale) Tudini M (Arci) Agrippae.* Quelque chose comme : « à la santé de Marcus Agrippa ». Les thermes sont un peu plus loin.

Quand Aix-en-Provence veut tendre au visiteur son meilleur profil, c'est à travers l'eau de ses fontaines ombragées par les platanes du cours Mirabeau. Et ce, depuis que les Romains appréciaient déjà les vertus de celle qui coule imperturbablement, à

34°C, à hauteur de l'actuelle rue Clemenceau.

Nîmes, on le sait, avait été fondée autour de la source Nemausus, vénérée par les Celtes, avant que les Romains ne l'intègrent à la ville qu'ils allaient modeler. De l'hydrothérapie simple, on passait au culte impérial à travers une suite d'escaliers, de thermes, salles, temples et théâtres dont les éléments s'intègrent aujourd'hui aux marches, balustres et statues « empruntées » au château de La Mosson (près de Montpellier), dans un ensemble néanmoins d'une belle harmonie, conçu et dessiné en 1745 par... le directeur des fortifications du Languedoc !

On verra en Arles ce qu'il en est des thermes de Constantin (que les Arlatens baptisent « Palais de la Trouille ») plantés au bord du Rhône,

des silènes-fontaines qui proviennent du théâtre et ce qu'il convient aujourd'hui de retenir des jeux de l'eau qui agrémentent encore celle qui, selon Mistral, fut « ... la métropole d'un empire, la capitale d'un royaume et la patronne de la liberté ! »

Mais quand, pour des raisons de sécurité, les villages s'en allèrent percher sur des hauteurs, loin des cultures et des points d'eau, leur isolement bouleversa la vie des habitants. Il leur fallut attendre que bien des siècles coulent sous les ponts d'en bas, avant que le XIXᵉ, en leur ramenant l'assurance d'une quiétude, leur fît enfin retrouver leurs sources, leurs fontaines et cette eau jaillissante qui n'est pas seulement, disait Claudel, « le regard de la Terre », mais aussi le véhicule d'un monde de rêves enfouis au plus profond de chacun.

● *À Aix, la fontaine de la place d'Albertas (ci-dessus).*
La fontaine du Cormoran, à Pernes-les-Fontaines (à droite).

Achevé d'imprimer en mars 2001
sur les presses de PPO à Pantin
Imprimé en France
Dépôt légal : mars 2001
ISBN : 2-8307-0103-8